LA PRINCESSE
ET
LE SOUS-OFFICIER,

Histoire Contemporaine,

Par E. L. B. DE LAMOTHE-LANGON.

Insani sapiens nomen ferat, æquus iniqui,
Ultra quàm satis est, virtutes si petat ipsam.
HORACE, épître VII, livre I.
Le sage cesserait d'être sage et le juste d'être juste,
s'ils portaient trop loin même l'amour de la vertu.

TOME QUATRIÈME.

PARIS,

LACHAPELLE, éditeur, rue Saint-Jacques, n. 75;
LECOINTE et POUGIN, quai des Augustins;
CORBET, quai des Augustins, n. 61;
PIGOREAU, place Saint-Germain-l'Auxerrois;
Mme veuve BECHET, quai des Augustins;
TENON, rue Hautefeuille, n. 30;
LEVAVASSEUR, Palais-Royal.

—

1831.

LA PRINCESSE

ET

LE SOUS-OFFICIER.

SOUS PRESSE.

LA VIE DU MONDE,

ROMAN DE MŒURS, PAR MAIRE.

*4 volumes in-*12.

L'AUDITEUR
AU CONSEIL D'ÉTAT,

Mémoires contemporains,

PAR LE BARON DE LAMOTHE-LANGON.

*2 vol. in-*8. *Prix :* 15 *fr.*

LA FLEURISTE,

ROMAN DE MŒURS. — 3 *vol.*

L'IMPRIMEUR,

ROMAN DE MŒURS. — 4 *vol.*

IMPR. DE BELLEMAIN, RUE SAINT-DENIS, N. 268.

LA PRINCESSE

ET

LE SOUS-OFFICIER,

Histoire Contemporaine,

PAR E. L. B. DE LAMOTHE-LANGON.

Insani sapiens nomen ferat, æquus iniqui,
Ultra quàm satis est, virtutes si petat ipsam.
HORACE, épître VII, livre I.

Le sage cesserait d'être sage et le juste d'être juste,
s'ils portaient trop loin même l'amour de la vertu.

TOME QUATRIÈME.

PARIS,

LACHAPELLE, éditeur, rue Saint-Jacques, n. 75;
LECOINTE et POUGIN, quai des Augustins;
CORBET, quai des Augustins, n. 61;
PIGOREAU, place Saint-Germain-l'Auxerrois;
Mme veuve BECHET, quai des Augustins;
TENON, rue Hautefeuille, n. 30;
LEVAVASSEUR, Palais-Royal.

—

1831.

LA PRINCESSE

ET

LE SOUS-OFFICIER.

CHAPITRE XXV.

La chanoinesse en action.

> Une femme méchante équivaut à un peu plus que cent démons.
> *Cyrano de Bergerac.*

Le prince de Marsal écoutait avec des mouvemens colériques tout ce que madame de Berneil lui disait si méchamment ; il avait encore de la peine à croire à la possibilité d'une pareille intrigue, car il ne lui donnait pas un autre nom, à tant d'astuce et d'audace de la part de domestiques un peu relevés il est vrai, mais qui n'avaient pas moins été aux gages de son père, et qui peut-être encore étaient à ceux de sa sœur ; mais avec bien moins de facilité consentait-il à accorder que celle-ci, foulant aux pieds les préjugés de la naissance, pût être amoureuse d'un homme de si bas lieu. Il se plaisait à penser que l'on prenait pour passion une amitié en quelque sorte fraternelle, une familiarité venue du commerce intime de la vie : il ne voulait pas aller au-delà.

D'une autre part, il se demandait quelle serait la conduite qu'il aurait à tenir, soit dans l'une ou dans l'autre hypothèse, soit que cet amour réciproque fût vrai, soit qu'il n'existât que dans le bavardage inconsidéré de certains voisins. Devait-il en parler directement à sa sœur ou confier ce soin à la vieille marquise? N'était-il pas à craindre qu'Olympe, dont le caractère ferme et indépendant se dessinait mieux chaque jour, ne profitât de son émancipation, soutenue de la loi, pour agir à sa fantaisie si on la poussait à bout?

La puissance royale se renfermait jusqu'à présent dans de telles bornes de légalité, qu'on ne pouvait espérer aucun secours d'elle. On ne rétablissait pas les lettres de cachet, car bien au contraire un article de la Charte malencontreuse consacrait la liberté individuelle : il n'était guère possible d'attaquer de front ces deux côtés.

Comment d'ailleurs vaincre subitement dans Olympe, si mal élevée selon les idées de sa caste, les souvenirs de son enfance, ses préjugés de reconnaissance envers les Meuron, cette habitude de réunir tout en eux, de ne voir peut-être tous les hommes en un seul ? Il y avait en ceci des difficultés insurmontables en apparence. Et de la part de Paul, seraient-elles moindres ? renoncerait-il par respect, par frayeur, par condescendance, à une aussi riche proie ? n'était-elle pas le vœu unique de son cœur, le but permanent de ses désirs ? L'appeler en champ-clos était le dernier moyen à prendre. Outre la répugnance que le prince aurait éprouvée à se mesurer avec un roturier de la dernière classe, il reconnaissait combien le succès est incertain de cette manière de vider une querelle de famille ; non point que sa bravoure y renonçât, mais parce qu'avant d'en venir à une mesure désespérée il préférait employer celles qui ne répandraient pas un éclat fâcheux sur l'honneur de sa sœur et sur le sien.

Il voulait d'ailleurs taire au duc de Montmaure jusqu'au dernier moment un cas si désagréable pour lui ; il craignait aussi de le communiquer à M. et à madame de Puylaurens, et enfin une voix partie de sa conscience lui reprochait rudement sa propre conduite. Quelle était-elle envers Jullite? il ne se l'était pas demandé. Il avait agi suivant l'usage des ames ordinaires, sans interroger l'avenir ; il se trouvait poussé dans une route semée de difficultés. Il aimait la sœur de Paul; il lui avait promis même sa main, non avec la pensée de remplir cet engagement, mais sans trop avoir réfléchi. Il savait que ce manége était venu sans doute à la connaissance de ce jeune homme, et lorsque celui-ci lui parlerait de Jullite, ce qui était probable, répliquerait-il en prononçant le nom d'Olympe? entrerait-il d'abord dans cette lutte sans issue certaine?

Tout ce qu'on rapporte ici afin de bien préciser la position du prince de Marsal, se présente avec rapidité et simultanément à sa pensée : il vit tout ce qu'il avait à voir dans moins d'une minute, et le résultat de cet examen fut une sorte de dépit dirigé contre la comtesse de Berneil, qui en lui cachant ce qu'elle lui avait appris aurait mieux fait et montré un esprit plus sage.

Elle cheminait à son bras dans la rue des Moulins, qu'ils suivaient lentement, et cherchant à deviner ce qui se passait dans son ame, l'examinait avec une joie maligne sans se douter de ce qu'il éprouvait à son égard; mais voyant qu'il prolongeait son silence outre mesure :

« Eh bien ! mon cousin, dit-elle,

n'est-il pas vrai qu'il y a là matière à un sévère examen?

» — Je suis encore bien incrédule, répondit Donatien. Je trouve dans les rapports de votre ennobli des contradictions et peut-être de la jalousie contre la famille de notre ex-intendant ; il ferait mieux de taire ses conjectures, et vous pouvez lui dire que je lui sais très-mauvais gré de les répandre ainsi, et que je me fâcherai contre lui s'il ne garde pas le silence.

» — En vérité, répliqua la chanoinesse stupéfaite de ce propos auquel sa méchanceté ne s'attendait pas, vous êtes un homme bien étrange. A qui en avez-vous? Puisque vous tombez sur ce pauvre Delmas, il ne vous reste plus qu'à me quereller, qu'à me battre, parce qu'en bonne parente je vous ai ouvert les yeux. Certes si j'allais conter ceci à Paul Meuron, qui va sous peu d'instans m'attendre au beau milieu des Tuileries, où avec tant d'impudence il m'a donné rendez-vous...

» — Et n'y manquerez-vous pas?

» — J'aurais grande envie de le laisser se morfondre à courir après moi; mais hier il m'a tant fait de peur avec ses yeux remplis de colère, que si je n'y allais point je craindrais qu'il ne me fît chez la princesse une scène publique; elle vous compromettrait, mon cher Donatien ; c'est enfin pour vous être agréable que je me suis mêlée...

» — Non pas au moins, répondit M. de Marsal avec une augmentation d'humeur, sur ma demande; car je ne vous en disais rien, et vous êtes venue.... Allez où il vous attend, Madame; parlez-lui, sachez ce qu'il peut avoir appris; parlez-lui aussi de ma sœur... non, ne touchez pas ce chapitre; il ne faut pas...

» — Vous me permettrez, Monsieur, de me conduire à ma fantaisie, c'est un privilége que mon âge me donne ; j'agirai selon la cir-

circonstance et ne faillirai pas. Mais en définitif que prétendez-vous faire?

» — Rompre d'une façon ou d'autre des rapports qui ne peuvent plus exister entre nos deux familles; en finir...

» — Avec lui, très bien; mais avec elle, prince?

» — Il vaudrait mieux que je ne l'eusse pas connue.

» — Soit, mais aujourd'hui que la liaison est entamée, et... la petite est charmante: on en eut fait, avant la révolution, une maîtresse délicieuse!

» — Et ce que les siens ont fait pour nous?

» — Bon, vos domestiques ! ils ont gardé vos biens en dépôt ; s'ils ne les eussent pas rendus, dans six mois vous les feriez pendre. Ne soyez point enfant, Donatien, continuez d'agir et veillez sur Olympe.

» — Il est inutile de me le rappeler, répondit le prince de Marsal. »

Et comme il avait ramené la chanoinesse à la sortie du passage Saint-Roch en face la rue du Dauphin, il la salua et prit vers la place Vendôme, tandis que madame de Berneil continua son chemin vers les Tuileries. Elle y arrivait fort agitée, ne sachant ce que lui voulait ce jeune homme de *basse classe*, assez mal avisé pour trouver mauvais qu'on déshonorât sa sœur.

» Ah! du moins, se disait-elle, s'il m'outrage encore, je lui promets de me venger soudainement.»

Peu après, et comme elle était déjà dans le jardin, elle entendit derrière elle un pas ferme qui la fit frissonner. Quelqu'un s'approcha, et la saluant sans lui offrir le bras, ainsi que la haute politesse l'exigeait; mais Paul avait trop en horreur une femme qu'il soupçonnait d'avoir aidé à corrompre sa sœur, pour descendre envers elle à ces égards d'une galanterie banale; il ne lui fit pas attendre ce qu'il avait à lui dire, et prenant la parole aussitôt qu'il l'eut approchée :

« J'ai besoin, Madame, d'une explication franche de vous à moi, et dont vous sentirez l'importance. Ma sœur répond à la tendresse du prince de Marsal, vous êtes la confidente réciproque de cet amour, et par conséquent vous connaissez les motifs qui portent le prince à retarder le moment de s'adresser à ma famille. J'attends que vous me les fassiez connaître, ne pouvant encore apprécier leur mérite et ne concevant pas la cause d'un tel retard. »

Madame de Berneil, qui s'attendait à tout de la part de Paul Meuron, à des reproches, à des insolences, car, selon elle, un roturier était capable de tout, n'avait pas néanmoins songé à la brusquerie de cette question tellement positive, et par conséquent n'était pas préparée à ce qu'elle y répondrait. Il fallait cependant contenter l'impétueux jeune homme, et sans trop savoir ce qui convenait le mieux en cette occurence fâcheuse.

« Monsieur, dit-elle, vous me demandez beaucoup, je crains qu'on ne vous ait mal informé touchant ce qui se passe, et que d'une simple galanterie, telle que l'usage la permet, on en ait fait une passion en règle.

» — Je ne juge jamais, répartit Paul, d'après ce qu'on me dit, je ne me décide que sur des preuves évidentes. Ma sœur voyait le prince de Marsal avec indifférence ; le prince a voulu être aimé d'elle; il lui a rendu des soins, a tâché d'arriver à son cœur en exaltant sa tête, a profité de l'inexpérience d'une jeune personne, de sa confiance naïve, de la crédulité inséparable de la vertu ; il a eu recours à votre alliance, vous a remis ses intérêts; vous avez parlé à Jullite, l'avez encouragée à répondre aux sentimens du prince. Jullite a cédé; elle a cru parce qu'elle-même était sincère. Le mot de mariage a été prononcé, il a dû l'être, car sans cette perspective honorable, ma sœur n'eût rien écouté. Tout ce que j'avance est positif, et pour vous épargner une dénégation inutile, je vous dirai que le témoignage non équivoque en repose dans les propres lettres de votre parent adressées à Jullite, que Jullite ma remises hier, et que voilà. »

Il achève et montre ce que la veille il avait pris des mains de sa sœur. A mesure qu'il parlait, la position de la chanoinesse devenait plus embarrassante. Combien elle aurait voulu se retrouver soudainement dans l'ancien régime pour ne répliquer à ce frère opiniâtre qu'en lui faisant ouvrir une prison d'état! mais ce n'était guère plus possible dans le siècle actuel : on pouvait bien faire arrêter un homme coupable ou innocent peut-être, mais il fallait des préparations. Forcée dans ses derniers retranchemens, terrassée par l'aspect des lettres accusatrices, et accusée par un homme qui ne prendrait pas facilement le change, elle était encore plus embarrassée que ci-devant, et dans sa colère d'épouvante se taisait, ne sachant trop que dire. Paul attendit un instant qu'elle prît la parole, mais voyant son silence se prolonger outre mesure :

« Eh bien! Madame, faudra-t-il que ce soit au prince de Marsal que je m'adresse d'abord pour apprendre ce qu'il faut absolument que je sache et que vous vous obstinez à taire?

» — Monsieur, répartit enfin la chanoinesse plus encore effrayée de ce dernier propos, vous me pressez d'une étrange manière. Le cas dont il s'agit est un de ceux sur lesquels on doit avoir le plus de discrétion : je ne peux ainsi révéler ce que je peux savoir sans le consentement des deux parties, et jusque-là.... D'ailleurs, Monsieur, je suis persuadée que les choses ne sont pas au point où vous les portez : il y a de votre part exagération complète.

» — Madame, je vous demande pour la dernière fois, et je dois le faire, car certainement, car à votre âge, avec votre rang, avec cette piété dont vous donnez des marques journalières, vous n'auriez pas accepté le rôle odieux de messagère d'amour sans avoir acquis la preuve de la sincérité des sentimens de M. de Marsal ; je vous demande, dis-je, de me dire ici, à l'heure même et sans détour, quelles sont les dispositions du prince envers ma sœur, et quelle époque il a fixée pour faire sa proposition honorable à ma famille?

» — Mais, Monsieur, répliqua la dame avec une expression satanique et accompagnée d'un sourire non moins infernal, ce sera je pense le même jour où, las d'être aimé dans un pareil mystère, vous demanderez au marquis de Puylaurens la main de sa petite-fille, la princesse Olympe : c'est à vous à voir si ce moment est ou non rapproché. »

Elle aurait pu parler plus longtemps sans que l'envie fût venue de sitôt à Paul de l'interrompre, tant lui-même se trouva frappé au cœur par cette réplique adroite et malicieuse. Ainsi son amour était connu ; ainsi on s'en faisait une arme contre lui, et surtout on l'employait à servir d'excuse de la séduction entamée par le prince de Marsal On allait donc à sa première attaque récriminer contre lui, l'accuser d'avoir joué le rôle de suborneur, le contraindre à se défendre, tandis qu'il croyait pouvoir attaquer librement. Ces paroles lui causèrent une étrange douleur, et c'était bien le cas de ne pas savoir comment il convenait d'y répondre. Devait-il avouer ce qui était positivement un secret entre Olympe et lui? assimiler au même rang une passion vertueuse avec une qui ne l'était pas? Ce furent des questions qu'il se fit vîte, qu'il adressa à sa loyauté afin d'en avoir une solution rapide; ne pouvant d'ailleurs se décider à laisser à son adversaire l'avantage momentané qu'elle venait de prendre sur lui, et qu'il lui serait insupportable d'accorder.

CHAPITRE XXVI.

L'ultimatum d'un homme d'honneur.

> Vous avez fait votre volonté en m'offensant, je ferai la mienne dans la réparation que j'exige.
>
> Mercier, *Mon Bonnet de nuit.*

Il fallait parler cependant, ou bien donner à cette ennemie une victoire qui devenait odieuse. Paul se décida bientôt au parti qu'il devait prendre.

« Je vous ai entendue, Madame, et vous avez avancé un fait tellement grave, que de votre part sans doute la preuve doit en exister dans vos mains. Pourquoi jusqu'ici ne me l'avez-vous pas présentée? pourquoi hier surtout ne pas vous en être servie pour repousser les expressions de ma colère, qui venait d'être allumée soudainement?

» — Je ne suis pas obligée, reprit la chanoinesse un peu plus rassurée, grâce au moyen dilatoire qu'elle avait trouvé pour se soutenir, de vous communiquer les causes de ma réticence. Ne suis-je pas la maîtresse de me défendre à ma fantaisie? et maintenant est-ce là bien la question entre nous deux?

» — Non, Madame, et j'en conviendrai sans peine. Vous m'avez adressé aussi une question directe, et j'y répondrai avec plus de facilité que vous le présumez. Peut-être mon mariage, qu'il vous plait ainsi de le nommer, ne serait dans aucun cas nécessité par tout ce qui décide ces sortes d'affaires. L'état de la question n'est pas non plus, et je puis vous le dire, de savoir si j'aime ou non mademoiselle de Marsal ; si elle, de son côté, a ou n'a pas une tendresse pareille, mais de décider si les choses sont au point de rendre notre union absolument nécessaire ; eh bien ! cela n'est pas ; comme je n'aurais pu essayer de parler à son cœur que pour arriver à lui donner le titre de ma femme, certes, on ne me supposera pas assez insensé pour le lui refuser dans le cas où sa famille voudrait me l'accorder, et comme elle n'est nullement dans l'intention de le faire, on ne peut donc point exiger que je fasse de ma seule part une demande qui ne me serait point accordée. »

La chanoinesse entendit avec un dépit qu'elle ne déguisa pas, cette réponse fondée en principe sur des faits positifs. Elle savait bien que la situation entre les deux couples était complétement différente, et ne l'avait mise en avant que pour échapper à la confusion d'avouer à un homme qu'elle regardait si fort au-dessous d'elle, la bassesse du rôle odieux qu'elle jouait. Paul qui avait ressaisi son avantage, n'insista pas pour qu'elle parlât à son tour, et trop empressé d'achever de la confondre, il poursuivit son propos.

« Un mariage entre la princesse et moi n'est donc pas indispensable aux yeux du monde. La réputation de mademoiselle de Marsal est entière, sa vertu n'a pas non plus à rougir; dès-lors nul n'est en droit d'exiger de moi l'aveu de mon amour ou de mon indifférence. Mais son frère a-t-il agi ainsi? ses lettres ne font-elles pas foi de ses engagemens? aurait-il plu à ma sœur si ses poursuites n'avaient point paru loyales? lui ou tout autre osera-t-il dire que Jullite l'a aimé d'après l'assurance qu'il lui aurait donné de l'avilir, de la déshonorer complétement? Non, Madame, nul n'avancera cette absurdité. Ma sœur a aimé parce qu'elle a cru sincère l'amour qu'elle inspirait; parce que le prince s'est présenté d'abord autant en qualité de mari que d'amant, parce que vous-même l'aviez entretenue dans cette pensée; or maintenant ni vous ni le prince ne pouvez vous dédire ; il faut que la proposition de mariage soit faite à ma famille, elle saura ce qu'elle devra y répondre ; mais quoiqu'il en soit, c'est à vous autres à courir cette chance, c'est le seul moyen de satisfaire à ce qui est dû à une fille honnête et à des parens qui n'ont pas démérité de la maison de Marsal.

» — On fera croire difficilement, répliqua madame de Berneil, à la possibilité du refus par vos parens d'une telle alliance pour leur fille, et certes si le prince Donatien se présentait en qualité de gendre, il ne serait pas repoussé.

» — Je l'ignore, je ne peux répondre des idées de mon père et de ma mère ; il me suffit de savoir que vous avez tous la preuve de l'immensité de leur désintéressement. Je me résume, Madame, car notre entretien doit vous être désagréable, j'en juge par l'impression qu'il produit sur moi. Je vous charge de savoir du prince quel temps il veut prendre pour parler aux miens, à moins qu'il ne préfère s'adresser à moi, qui tiens ici leur place, et qu'ils ne désavoueront pas dans ce que je déciderai.

» — Vous m'imposez, Monsieur, une commission pénible et ridicule, permettez-moi de vous le dire : un mariage autant disproportionné ne peut avoir lieu, surtout maintenant.

» — Si je croyais, dit Paul avec une fureur concentrée qu'il laissait néanmoins apercevoir malgré lui, et qui fit pâlir madame de Berneil, que votre opinion fût celle d'un autre, ce serait par un acte sanglant que je le châtierais ; mais il me répugne à croire que tant de déloyauté souille le cœur du chef d'une illustre famille. Le prince de Marsal est trop jeune pour avoir adopté les principes infâmes de la haute société dans laquelle vous avez vécu avant la révolution ; ainsi je persiste à vouloir qu'il s'explique, bien convaincu qu'il vaut mieux que les hommes d'autrefois. Parlez-lui, Madame, parlez-lui, j'attendrai patiemment ce qu'il me dira ou me fera dire. Je ne suis pas tellement pressé qu'il ne puisse attendre un, deux, trois jours, davantage s'il le faut : pourvu qu'il s'exécute, le temps n'y fera rien.

» — Je le lui répéterai, Monsieur, puisque vous persistez dans cette idée : mais le prince n'est pas seul, son grand-père et son aïeule....

» — Il est majeur, Madame.

» — Olympe l'est aussi.

» — Je le sais, mais à mes yeux elle sera mineure tant que les Puylaurens vivront, tant que son frère vivra aussi, m'entendez-vous, Madame?

»—Vous êtes un méchant homme, vous ne perdez aucun de vos avantages.

» — C'est le moyen de s'élever au-dessus de son rang; mais il en est un à vos yeux peut-être que je ne tiens pas à conserver. Voici le portrait du prince et sa correspondance, remettez-les lui de ma part; je pourrais en faire usage, je ne le ferai point: il me suffit d'être convaincu; je n'aurai pas besoin de la conviction des autres, puisque ce sera désormais de lui à moi seulement que nous aurons à traiter cette affaire. »

Malgré la grande habitude du monde, malgré la sécheresse de son ame, la comtesse de Berneil ne put déguiser sa surprise de l'acte que faisait le sous-officier en ce moment; cette remise pure et simple de tout ce qui pouvait servir de preuves de la séduction entreprise par monsieur de Marsal et de sa coopération particulière la confondit au-delà de toute expression; elle ne pouvait comprendre tant de simplicité ni un tel héroïsme. Force fut à elle de rendre involontairement hommage à cette vertu en refusant d'abord le paquet, qu'elle prit néanmoins sur une nouvelle insistance de Paul, qui lui dit :

« Ceci vous prouve, Madame, que ma détermination est bien arrêtée de ne charger que moi seul du soutien de ma sœur ; aucune considération ne m'arrêtera, et dût la main de la princesse Olympe m'être offerte en dédommagement de l'honneur compromis de Jullite, je ne l'accepterais pas ; vous pouvez par là comprendre combien on vous a mal instruite de mes sentimens ou de mon ambition. »

La chanoinesse croyant avoir entendu tout ce que Paul avait à lui dire s'éloignait déjà, lorsque lui la rappelant :

« Madame, dit-il, j'espère que vous cesserez de parler à ma sœur tant que vous serez seule avec elle ; je vous interdis la moindre parole et plus encore d'apporter des messages qui ne vous ont que trop déshonorée: n'espérez pas me tromper, Jullite me dira tout, et chaque jour je la questionnerai sur ce point. »

Paul la salua et s'éloigna lentement, tandis que madame de Berneil, anéantie sous ce coup cruel, pouvait à peine marcher et s'abandonnait à une rage qu'une telle insulte motivait, et que son adversaire n'avait pas voulu lui épargner. Quand elle se fut éloignée du lieu où elle venait d'être si rudement humiliée, elle s'assit sur la première chaise qu'elle trouva, et là, cherchant à rassembler ses idées, se demanda de quelle manière elle se vengerait. Certes, elle n'aurait eu recours qu'à la seule épée de Donatien si elle eût été convaincue que le prince serait l'heureux vainqueur dans un duel qui lui paraissait inévitable; mais les chances de ce combat pouvaient être favorables à Paul, il fallait donc l'éviter ou l'empêcher si c'était possible. Comment y parvenir? par quelle voie? elle se mit à réfléchir...

Une pensée soudaine la frappa, et tout-à-coup elle se leva et se dirigea d'un pas plus ferme et plus rapide vers le château.

Elle prit à gauche, entra dans un vestibule, et demanda l'abbé de Saint..... il était visible, et il reçut la chanoinesse avec une expression de joie et comme enchanté de se retrouver avec elle. Il y eut force propos échangés, de vifs regrets donnés à une époque reculée, et des regrets de ce qu'elle ne se renouvelait pas. Puis la conversation devint plus intime; on se rapprocha, on parla à voix basse: deux ou trois exclamations échapèrent au dévot personnage, qui se signant à-la-fois, se récria contre la perversité du siècle, contre l'insolence de la canaille qui s'avisait d'avoir de l'honneur.

« Hélas! dit-il ensuite, on nous lie les mains, on nous empêche de faire, d'agir directement ; mais les voies détournées nous sont permises. Monsieur, qui se place pour notre bonheur à la tête d'une administration oculte, nous engage à reconquérir nos droits en secret ; ainsi je tâcherai de faire pour la famille illustre de Marsal tout ce qui me sera possible. C'est, dites-vous, un militaire, un sous-officier ; ce doit être un bonapartiste, et sans doute qu'il cabale dans quelque conspiration : nous verrons quel parti on pourra tirer de ceci.

»—Mais hâtez-vous, mon cher abbé, le temps presse, quelques jours suffisent à peine; car le drôle est impatient, et je ne veux pas exposer le prince Donatien.

»—Vous aider, ma chère amie, est servir Dieu et le roi. Je vais aujourd'hui même travailler à votre intention, et demain sans faute j'irai vous rendre compte de ce que j'aurai accommodé. »

Madame de Berneil plus satisfaite s'en retourna à l'hôtel de Puylaurens, se demandant ce qu'elle devait faire à l'égard de Donatien, si elle s'acquitterait sans retard envers lui du message de Paul, ou si elle attendrait le résultat des démarches de l'abbé de Saint.... qu'elle savait si bien dans ses intérêts. Elle ne voulait rien confier au prince de ce qu'on machinait contre le jeune Meuron, dans la crainte qu'il n'y consentît pas, et alors elle craignait que l'orgueil de Donatien se refusât à reculer de quelques jours la réponse impérieuse que le sous-officier demandait avec tant de hauteur. Cependant, après avoir tout examiné, elle se décida à parler franchement; car elle s'attendait à des questions sans fin, et elle ne pouvait inventer une conversation indifférente à la place de celle que naguère elle venait d'avoir.

Donatien, qui depuis la veille évitait d'entrer seul dans l'appartement de sa sœur, se rendit par un escalier dérobé à celui de madame de Berneil. C'était vers l'entrée de la nuit : il y avait chez Olympe une société assez nombreuse ; ses grands parens avaient daigné y paraître pour la première fois, et pour les recevoir convenablement mademoiselle de Marsal réunissait les personnes de leur connaissance intime ; son frère devait y venir plus tard, et la chanoinesse fortement atteinte de vives douleurs de tête, avait fait dire qu'elle ne paraîtrait pas de sitôt.

Celle-ci, dès que Donatien se présenta, que me donnerez-vous, dit-elle, si je remets en vos mains vos lettres à la petite fille et votre portrait qui sont maintenant dans les miennes ?

« Quoi ! s'écria le prince avec un dépit marqué, Jullite est-elle si prompte à rompre avec moi, et aurais-je fait si peu d'impression sur son ame, puisqu'elle n'hésite pas à me renvoyer les gages de mon amour ?

» — Aimeriez-vous réellement ? répliqua la dame ; alors je vous plaindrais, et je me blâmerais de vous avoir appuyé dans cette extravagance; mais rassurez-vous, ceci ne vous vient pas de la petite fille, on lui a pris par violence, sans doute, ce qu'elle n'aurait pas abandonné volontairement.

» — Olympe a eu tort de se mêler de cette affaire, répliqua Donatien avec un redoublement de mauvaise humeur, elle me placera dans une position difficile envers elle.

» — Eh bien! cette conjecture, dit la dame, n'est pas plus exacte que l'autre; votre sœur, du moins à ce que je crois, n'est pour rien en ceci; le paquet m'a été remis par Paul Meuron en propre personne.

» — Parlez, Madame, et à quelle intention ?

» — Pour que je vous le rendisse sans condition aucune.

» — Je ne m'y serais pas attendu ; ce jeune homme m'avait montré d'autres sentimens...

» — Il les conserve, prince, car en vous renvoyant ce qui pourrait vous compromettre aux yeux de quelques personnes, il insiste sur une demande formelle que vous ferez à son père ou à lui de la main de sa sœur. »

La chanoinesse s'attendait ici à une manifestation d'impatience de la part de Donatien; il la trompa en se contentant de répliquer tranquillement :

« A la bonne heure, voilà parler ; mais, Madame, il aura fait de ceci une condition de la restitution de ma correspondance ?

» — Non vraiment, et tout au contraire, il a déclaré vous la céder, quelle que pût être votre détermination.

» — C'est un homme d'honneur, s'écria le prince ; c'est dommage qu'il ne soit pas noble.

» — C'est toujours un personnage bien insolent, très opiniâtre, qui ne reculera point d'un pas.

» — Ce n'est guère non plus mon habitude, et il vous a dit....

» — Que vous n'aviez pu faire la cour à sa sœur que dans la pensée de la prendre pour votre femme; que par conséquent il était convenable de la demander en mariage, et que c'était la satisfaction qu'il attendait de vous.

» — Fut-il jamais embarras pareil au mien? dit le prince en frappant du pied; comment me démêlerai-je de ce filet dans lequel je me suis jeté? Cet homme commence par m'attaquer de manière à se donner tous les avantages de notre querelle sans m'en laisser aucun; et puis comment m'excuserai-je auprès de Jullite? que dirai-je à ma sœur quand elle me reprochera l'hospitalité trahie, l'insulte que je lui ai faite, et que je l'entendrai me rappeler ces vingt ans de soins de la famille Meuron envers elle, cette fortune rendue si généreusement ? que n'ajouteront pas à ce blâme mes autres parens ? ils peuvent haïr ces personnes, mais approuveront-ils ma conduite ? ne leur ai-je pas manqué aussi ?

» —Pourquoi n'avez-vous point fait ces réflexions à l'avance ?

» — Pourquoi, Madame, ne me les avez-vous point suggérées au lieu de m'entretenir dans ma folle passion ?

» —Il se peut que l'un et l'autre nous ayons tort ; le mal est fait, cherchons le remède. Qui aurait pensé que dans les circonstances favorables où nous sommes, nous autres gens de qualité, ce petit compagnon montrerait tant d'énergie, qu'il viendrait nous relancer à Paris? Bon Dieu! que l'on a à faire pour remettre tout à sa vraie place!

» — Il faut pourtant une réponse à M. Meuron ; il faut que je m'explique avec Jullite : l'éviter désormais est impossible et me rabaisserait trop à mes propres yeux.

» — Rien ne presse du côté du jeune homme ; il consent à vous laisser le loisir de prendre avec vous ou avec vos parens tous les arrangemens convenables; il est patient dans son exigence : c'est au moins une qualité. Quant à sa sœur, je ne sais trop que vous conseiller, un jeune cœur est facile à maintenir dans ses illusions.

» — Et vous n'avez rien dit à Paul de l'amour réciproque qu'on soupçonne entre lui et ma sœur?

» — J'ai voulu employer ce moyen, il ne m'a point servi »

Et, à la suite de ce début, madame de Berneil raconta presque textuellement cette partie de son entretien avec le sous-offiicier, et s'il fut prouvé au prince et à elle que cet attachement existait, du moins furent-ils forcés de convenir que Paul l'avait placé dans son jour véritable, et qu'on ne pouvait dorénavant s'en faire une arme contre lui. A tel point la franchise est supérieure à la dissimulation la plus habilement combinée !

CHAPITRE XXVII.

Une dame comme il y en avait tant en 1814.

> Il y en a qui par un mélange bisarre font à-la-fois le mal et le bien : le premier par esprit de parti, le second pour satisfaire leur penchant.
> *Les Reflets de la sagesse.*

Il fallut se séparer; madame de Berneil fut la première à passer dans l'appartement d'Olympe, où elle trouva Paul Meuron en conversation amicale avec le duc de Montmaure, qui lui portait toujours un intérêt sincère. Celui-ci ne pouvait oublier la grandeur du service qu'il lui avait rendu, et la générosité plus héroïque encore avec laquelle dans cette circonstance il oublia qu'il travaillait pour un rival. Une semblable amitié, dont la chanoinesse ne connaissait pas le nœud secret, lui paraissait inconvenante; elle aurait bien voulu qu'elle n'existât point, et se promettait de tarder peu à la rompre, en excitant la jalousie dans l'ame du parent de mademoiselle de Marsal.

Parmi les personnes qui formaient le cercle, la comtesse de Mareville tenait à peu près le premier rang. Femme de haute qualité, immensément riche parce qu'elle n'avait pas émigré et qu'elle s'était laissée aller au torrent, elle réparait les parties faibles de sa vie par de l'audace, de la fermeté, par un manège adroit qui la rendait très nécessaire à la cour nouvelle, car elle lui servait d'intermédiaire avec celle qui venait de tomber. C'était une de ces personnes à existence équivoque, pétries de vices et de vertus, unissant les contrastes les plus extrêmes; craintes et considérées, méprisées en secret et objet apparent du respect de chacun, qui avouent une mauvaise action de manière à se rendre redoutable par l'excès de leur audace, et qui en même-temps rendent à certains de tels services que nombre de voix s'élèvent pour les défendre parce qu'on leur doit beaucoup de reconnaissance ; qui font à-la-fois le bien, le mal, le calme, la tempête, et qui demeurent au milieu de la société dans une position bien tranchée que nul n'envie et qui pourtant ne leur nuit pas.

Elle avait été belle et s'imaginait l'être encore, ne repoussait pas un amant lorsqu'il s'en présentait par entraînement ou par ambition ; mais n'exigeant pas de ses amis une passion qui pouvait leur être désagréable; ne rapportant pas tout à elle, servant sans intérêt ceux qui en avaient besoin et pressurant les autres, était pour le système des compensations; connue du duc de Montmaure depuis qu'il habitait Paris, elle l'appela ce même soir.

« Quel est donc, lui demanda-t-elle, ce jeune homme dont la figure est si grâcieuse, qui, sans avoir l'air d'être un des nôtres, en a l'aspect cependant? Il y a dans son regard quelque chose qui plait: il semble ici fort à son aise. »

Le duc s'empressa de faire l'histoire de Paul Meuron; raconta tout ce qu'il pouvait dire sans compromettre mademoiselle de Marsal ; mais en dit assez pour que la comtesse de Mareville conçut une haute opinion du sous-officier.

« Voilà, dit-elle, une conduite admirable ; quoi ! tant de fortune a été rendue par lui ou par son père, sans conditions, sans en retenir une partie ! il y a là plus que de la noblesse ! Quant à ce qu'il a fait pour sauver votre vie, quoiqu'il ne vous connût pas, le trait est beau encore ! et ce jeune homme que vous allez me présenter est bon à recevoir. Je m'étonne que les vieux Puylaurens le traitent avec une froideur trop marquée. »

Le duc alla chercher Paul et le

conduisit à la comtesse de Mareville, qui l'accueillit avec grâce. La chanoinesse de Berneil n'avait rien entendu des paroles qui précédèrent cette présentation, aussi fut-elle étrangement surprise de ce qui se passait dans ce coin du salon, et craignant que Paul ne se rendît agréable avant que la comtesse sût ce qu'il était, elle se hâta de se rapprocher de celle-ci dès que le sous-officier l'eut quittée.

« M. de Montmaure, dit-elle à madame de Mareville, aurait bien dû vous épargner les complimens de cet homme du commun, peu fait pour se trouver où nous sommes, et à se familiariser avec vous.

» — Eh mais! répondit la comtesse, ce n'est pas l'opinion du duc, car il en fait un bel éloge.

» — S'il savait ce que je sais, il ne s'expliquerait pas aussi étourdiment sur son compte.

» — Et que savez-vous? lui fut-il demandé par une personne accoutumée à tout entendre le plus possible, afin de mieux savoir ce qu'elle aurait à faire après.

» — Vous êtes une amie de notre famille.

» — Mais il y a ce me semble quelqu'alliance avec la mienne.

» — Aussi est-ce à ce titre que je vous confierai ce que je tairais à tout autre.

» — Je sais garder un secret qui en vaut la peine, dit la comtesse, dont la curiosité commençait à s'ouvrir.

» — Et celui-ci est de ce nombre. »

Toutes les deux regardèrent autour d'elles, et ne voyant personne en position de les écouter, s'assirent sur une causeuse placée de manière à ce qu'on ne pût venir les joindre qu'en arrivant en face. Cela fait, la chanoinesse se penchant presqu'à l'oreille de madame de Mareville, lui fit part de ce qu'elle avait appris du baron Delmas, en y mêlant le fruit de ses propres observations. Elle conta comment ce vil roturier osait aimer la princesse Olympe, comment elle le payait de retour, et fit envisager combien il était convenable de prévenir un mariage aussi mal assorti. Madame de Berneil, en s'expliquant ainsi, se flattait d'éveiller la vanité de son interlocutrice et d'obtenir son concours aux mesures qu'elle cherchait à prendre contre Paul.

Mais il y a dans les actes de la vie une fatalité qui presque toujours les tourne contre notre désir. On dirait que la suprême intelligence se plaît à se jouer de nous. La chanoinesse, loin de parvenir à son but, trouva un cœur déjà prévenu en faveur de Paul, et ceci d'abord à cause de son sexe, par les agrémens de sa personne, et par ce que le duc de Montmaure lui en avait déjà dit, loin de lui faire rien perdre de son estime, puisa dans ce qu'on lui racontait un nouveau véhicule aux sentimens d'affection qu'elle croyait lui devoir. Ce qui la frappait alors plus que tout le reste était sa conduite envers son rival : ce n'était plus le simple désir de sauver le parent de mademoiselle de Marsal qui l'avait guidé dans ses démarches auprès du maréchal Soult, mais une magnanimité supérieure et digne d'admiration. Paul désormais, à ses yeux, ne serait pas seulement un beau cavalier, un honnête homme, mais un héros. Cependant n'ayant pas de peine à s'apercevoir qu'il était haï de madame de Berneil, elle ne jugea pas convenable de témoigner à celle-ci combien sa pensée différenciait de la sienne, afin de lui laisser le temps de tout dire, ce que la chanoinesse fit sans se douter du résultat qu'elle obtenait, si contraire à ses espérances.

Elle alla donc plus avant et laissa pressentir quelque chose de ce qu'on tramait contre Paul, et au moment où elle en venait à solliciter la coopération de la comtesse, le chevalier de Versel, attiré par un geste furtif de cette adroite dame, s'approcha et interrompit la conversation. Il débita des riens qui parurent beaucoup amuser la comtesse. Bientôt on demanda à madame de Berneil de venir arranger les parties; force fut à elle de se lever et de partir sans avoir rien obtenu de positif. Madame de Mareville, pour la contenter à demi, lui dit comme elle s'éloignait : « Je viendrai demain causer avec vous; nous avons encore beaucoup de choses à nous dire. »

Et puis prenant le bras de M. de Versel, elle se rapprocha d'un groupe voisin. En ce moment Donatien entra; il fut frappé de voir Paul debout contre la cheminée et parlant à Jullite avec véhémence. L'aspect de ce groupe le déconcerta presque; aussi ce fut avec une froideur extrême qu'il répondit aux bruyantes protestations de Versel.

« Parbleu ! dit ce dernier, à qui en avez-vous, prince ? on dirait que vous continuez ici un songe commencé ailleurs. »

Rien ne pouvait plus déplaire à Donatien que de laisser croire à Paul qu'il n'était pas dans son état habituel et que son ame était inquiète ou troublée; aussi essayat-il, par la vivacité de sa réplique, de se montrer sous un jour avantageux, c'est-à-dire qu'il simula une gaîté folle, qu'il joua le contentement, tandis que ses yeux ternes et sombres démentaient son rire et ses gestes.

Paul, avec sa délicatesse naturelle, quelque pût être d'ailleurs le mécontentement dont son cœur était rempli, évita pendant la soirée de s'approcher de Donatien, qu'il se contenta de saluer ainsi que la chanoinesse, d'autant plus irritée contre lui qu'elle avait tous les torts. Paul essayait aussi de conserver une figure sereine, et cela ne lui était pas toujours possible, soit qu'il songeât à sa sœur, soit qu'il portât ses regards sur Olympe ou sur le duc de Montmaure, et ses pensées, quand elles se rapportaient à lui-même, ne pouvaient non plus être très riantes ; il y avait des momens où des nuages sombres couvraient son front et ses yeux, alors ses traits se contractaient en prenant une expression sinistre. Le chevalier de Versel, qui l'examinait, dit à madame de Berneil :

« Ce jeune homme me représente Némésis, la vengeresse des crimes ; il y a en lui quelque chose qui ne me plairait pas si je l'avais pour ennemi. »

La chanoinesse tressaillit à ce

propos lancé sans importance. Elle aussi regarda Paul, et comprit facilement tout ce qu'elle avait à redouter d'une ame qui manifestait une telle énergie. Son but dèslors tendit à écarter Paul de chez Olympe, où il serait toujours trop dangereux ; elle se flattait d'y parvenir, soit par l'appui de l'abbé de Saint...., soit par la volonté des Puylaurens, qu'elle ne tarderait de mettre en jeu; elle comptait aussi sur le concours de la comtesse de Mareville qui, loin de vouloir l'obliger, venait d'engager Paul à dîner chez elle pour le premier jour de la semaine qui suivrait.

Le baron Delmas survint ; il

s'empressa d'aller rendre ses devoirs à la marquise de Puylaurens qui, choquée de sa persistance à se rapprocher d'elle lorsque sa société ne lui convenait pas, et avec la malignité d'une vieille femme, lui demanda ce qu'elle savait fort bien, le but apparent de son voyage actuel à Paris.

« Je viens, répondit-il en élevant la voix de manière à se faire entendre de toutes les parties du salon, apporter aux pieds du roi l'hommage respectueux de la commune de Montclair ; et quelle mission me serait plus précieuse à moi, sujet soumis et dévoué de sa majesté très chrétienne, et dont le royalisme n'a, grâce à Dieu, jamais dévié!

» — Il a cependant été compromis, répliqua la marquise, lorsque vous avez fait arrêter le duc de Montmaure?

» — Hélas! Madame, je ne le connaissais pas, et en ma qualité de sujet soumis et dévoué...»

Il s'arrêta, reconnaissant qu'il s'enferrait lui-même, et que chacun autour de lui combattait, par un appel à la politesse, l'envie de rire qui circulait. La marquise poursuivit :

« Au demeurant, Monsieur, puisque dès avant le mois d'avril 1814 vous étiez déjà soumis et dévoué à sa majesté très chrétienne, vous avez dû voir avec regret un homme de votre nom acheter une des plus belles terres du même duc de Montmaure. Ce révolutionnaire est-il votre parent ?

» — Madame, répliqua le baron très embarrassé, il y a beaucoup de mes homonymes dans la province du Languedoc ; je ne sais pas bien auquel d'entr'eux votre reproche s'adresse.

» — Vous avouerez au moins, Monsieur, qu'il est digne de ce reproche ; que certainement s'il affecte de se dire royaliste, c'est un titre qu'il ne mérite pas, et que le duc de Montmaure fera bien lorsqu'il le punira.»

Ceci était outrer la mystification; mais la vieille dame n'y voulait mettre aucune borne, tant elle haïssait les nobles parvenus. Le baron Delmas cruellement blessé et non moins compromis, était sur des épines et se serait souhaité à deux cents lieues de la marquise. Il ne savait comment faire pour lui échapper. Sa mine piteuse fit pitié à Olympe qui, venant à son secours, détourna la conversation en adressant à son aïeule une question directe sur l'étiquette de l'ancienne présentation à la cour. La marquise attaquée dans sa faiblesse, abandonna l'acquéreur de bien national et disserta longuement sur la thèse importante qui lui était présentée. M. Delmas profita de cette diversion pour s'évader en la compagnie de Paul; celui-ci peu charmé de prolonger sa visite à Olympe au milieu d'une société trop nombreuse pour lui plaire.

Le surlendemain il alla chez le capitaine Duville qui, en le voyant, lui dit:

« Te voilà à propos, mon brave; je devais t'écrire pour te recommander un homme de bien qui nous arrive d'une certaine île, et qui a la charge de visiter ceux qui gardent de l'amitié pour Jean-de-l'Epée, et certes tu es de ceux-là. » — Oui, répondit Paul, je ne perdrai jamais le souvenir de Napoléon, et je verrai toujours avec plaisir ceux qui ont approché de sa personne sacrée ; mais connais-tu celui qu'il nous envoie ?

» — Non, c'est toujours un honnête homme, car il déteste les pékins qui nous sont imposés par cette canaille alliée que nous rossâmes si longtemps. Tu le verras, et tu m'en diras des nouvelles. L'empereur sera ici avant un mois.

» — Il ne fait que partir.

» — Eh bien ! dans un, dans deux, dans trois, ce sera toujours la même chose ; nous le reverrons, et en sa compagnie chasserons ceux-ci. »

Paul continua cette causerie, demanda des renseignemens, et apprit qu'une conspiration militaire était prête à s'organiser pour décider le retour de Napoléon; que la chose aurait lieu avant l'année révolue de sa chûte, à tel point la domination des Bourbons était déjà insupportable à la France.

Le jour suivant, en effet, Paul reçut la visite d'un homme de mauvaise mine, assez bien vêtu cependant, en costume bourgeois, avec la redingotte bleue obligée. Il s'annonça de la part du capitaine Duville, et partit de là pour déployer une haine délirante contre la famille royale, et la poussa à une telle exagération qu'elle manqua le but. Paul, au lieu de répliquer du même ton, se renferma dans un silence prudent dont l'inconnu ne fut pas satisfait.

« Je croyais, lui dit-il, que vous étiez des nôtres, et tant de froideur...

» — J'aime l'empereur, répartit Paul, mais je ne déteste pas le roi ; je verrais avec joie la rentrée du premier sans vouloir que le second perde un seul cheveu de sa tête. Il me semble que l'on peut aspirer à un autre ordre de choses sans prétendre y parvenir en répendant un sang toujours respectable.

» — Oh, camarade ! la tiédeur ne vaut rien ; au demeurant, cela n'empêchera pas que je ne fraternise avec vous, et voici une liste sur laquelle vous ne refuserez pas de mettre votre nom. »

Et il présenta un papier déjà chargé de signatures. C'était un acte d'association pour opérer le renversement du trône de Louis XVIII en faveur de celui de Napoléon Bonaparte. Le sous-officier le prit, l'examina, et puis le rendant à l'inconnu :

« Je ne m'engagerai point par écrit, ma parole sera suffisante ..

» — Comment ! lorsque tant d'honorables militaires...

» — Je puis avoir leur opinion et une conduite différente : ces sortes d'actes sont dangereux et inutiles entre gens de métier; la parole suffit, contentez-vous de la mienne.

» — Le capitaine Duville, répondit l'inconnu extrêmement déconcerté, ne m'avait pas fait pressentir ce refus de votre part. Comment répondrai-je à Napoléon de votre zèle?

» — C'est un soin dont je me charge; le moment venu d'agir, dit Paul tranquillement, je ne serai pas le dernier à paraître lorsqu'il faudra se montrer. Plaise à Dieu que tous ceux qui maintenant donnent leur signature en fassent autant!»

L'émissaire impérial, très désappointé de la résolution de Paul, insista pour la vaincre, ne put y parvenir, et se retira mal satisfait de ce qu'il n'osa cependant pas qualifier du dévoûment équivoque du jeune Meuron, qui, dans le fond, était de la prudence et pas de l'indécision.

CHAPITRE XXVIII.

Une conversation sérieuse.

> . . . *Bene ferre magnam*
> *Disce fortunam.*
> Ode 21, liv. III.
>
> Apprenez à soutenir la grandeur de votre position.

Donatien se promenait à grands pas dans le jardin de l'hôtel de Puylaurens; il s'asseyait par fois, se relevait ensuite, et recommençait à marcher avec précipitation. Il regardait derrière lui et du côté des fenêtres de l'appartement de sa sœur, mais avec une sorte de crainte, comme s'il eût redouté la venue d'une personne dont la présence lui serait désagréable.

C'était le lendemain de la soirée où le baron Delmas avait été maltraité si cruellement par la grand'-mère du prince de Marsal.

Celui-ci, vivement agité, se demandait à lui-même ce que sa sœur lui voulait, pourquoi elle le faisait appeler avec cette solennité inaccoutumée entr'eux, et pourquoi elle choississait les allées du jardin pour lieu de cette entrevue, plutôt que sa chambre ou que le salon, et il ne parvenait pas à résoudre ces questions diverses. Il y a dans la vie des momens où notre ame vivement inquiétée, pousse la méfiance au plus haut point, où elle fait attention aux choses les moins saillantes, où elle leur donne un sens qu'elles n'ont pas. Donatien était dans ce cas en raison de tout ce qui le tourmentait. Il avait été jusque-là assez heureux pour éviter la rencontre de Jullite en tête-à-tête, et tremblait que la jeune fille, en le voyant dans le jardin, n'accourût le rejoindre afin d'avoir avec lui une explication qu'il aurait dû provoquer s'il avait agi avec franchise. Il ne doutait pas que sa sœur ne vînt à lui dans l'intention de parler en faveur de son amie, et Donatien qui ne se souciait pas de contracter un mariage tant inégal, s'accusait maintenant d'imprudence et prodiguait les injures les plus amères à la confidente coupable qui l'avait entraîné par ses conseils perfides bien plus loin qu'il n'aurait été peut-être s'il eût écouté ses seules impulsions.

Olympe parut enfin ; elle s'approcha lentement : on pouvait deviner que de son côté il n'était pas davantage de tranquillité, et que cette entrevue lui pesait autant qu'à son frère. Sa physionomie, toujours charmante, était sévère, inquiète, embarrassée. Olympe évita de regarder Donatien, et ne l'aborda pas avec son sourire accoutumé; néanmoins elle prit son bras qu'il ne songeait point à lui offrir, et tous les deux parcoururent un instant en silence les sentiers sinueux du petit bosquet qui s'étendait au-delà d'une verte pelouse semée en face de la maison.

Aucun des deux n'avait hâte de prendre la parole. Olympe néanmoins s'y décida enfin.

« Mon frère, dit-elle, êtes-vous content de ce qui se passe dans votre cœur et autour de nous?

» — En vérité, répliqua Donatien, je ne sais trop que vous

répondre, et si je vous adressais la même question, peut-être qu'elle ne vous embarrasserait pas moins.

» — Vous vous trompez, ce que j'éprouve me chagrine sans doute, mais ne me tourmente pas ; je suis en paix avec ma conscience. L'êtes-vous avec la vôtre ? là est le point capital.

» — Oh ma bonne sœur ! est-ce envers un colonel que vous devez prendre ce ton de missionnaire ? A mon âge et avec ma profession on écoute peu les homélies de famille.

» — Vous entendrez cependant la mienne, car elle vous viendra d'une personne qui vous aime tendrement et qui veut votre bonheur. En doutez-vous, Donatien ?

» — Vous me prenez par les sentimens, c'est rendre la lutte inégale. Je suis persuadé de votre amitié, elle m'est précieuse, et je tiens à la conserver.

» — Cela vous sera facile ; conduisez-vous en homme d'honneur.

» — Ne le fais-je pas ? s'écria le prince en rougissant.

» — Oui, selon le monde et non pas selon moi.

» — Vous êtes exigeante, et l'on ne vous contente pas à peu de frais.

» — Donatien, ne plaisantez point ; vous savez ce qui cause aujourd'hui mon chagrin, vous m'avez placée dans une position bien pénible entre vous, qui êtes mon frère, et entre ceux que j'aime le plus.

» — Grand merci pour votre famille.

» — Qu'a-t-elle à réclamer de moi plus qu'elle ne m'accorde? répartit Olympe avec fermeté; qu'avez-vous tous fait pour me prouver votre attachement depuis ma naissance jusqu'à ce jour, et examinez quelles immenses preuves de tendresse j'ai reçues de la part des Meuron?

» — Aussi votre reconnaissance n'a-t-elle pas de bornes, et à moins que pour la récompenser nous ne nous donnions en sacrifice, j'ignore ce qui vous contentera.

» — Convenez au moins que lorsque l'on s'offre il faut se donner comme vous le dites, dès qu'on l'exige. »

Donatien ne répondit pas, quoique sa sœur l'interrogeât positivement ; elle reprit :

« Vous avez cherché à plaire à une jeune personne sans expérience ; vous avez agi en n'alarmant point sa vertu ; vous lui avez promis avec serment de la prendre pour votre femme ; êtes-vous dans l'intention de la conduire à l'autel ?

» — La galanterie a donc pris en

France une solennité que nos pères ne lui accordaient pas, répliqua Donatien en employant un rire forcé et une gaîté morne qui contrastaient étrangement avec la mélancolie empreinte dans ses yeux, pour que l'on prenne d'abord au sérieux ces protestations vulgaires?

» — La galanterie est la même, et la probité non plus n'a pas changé; l'honneur encore consiste comme autrefois à respecter ses engagemens, à n'en prendre qu'avec l'intention de les tenir, à distinguer ce que l'on doit à une femme du monde, à des personnes corrompues, de ce que mérite l'innocence, la confiance extrême;

à se rappeler que là où l'on manque à la reconnaissance, à l'hospitalité, où l'on abuse de sa position, de celle de sa famille, de l'abandon de l'amitié, de tout enfin ce qui est vénérable, il y a crime.

» — Ma sœur ! s'écria Donatien en pâlissant.

» — Il y a crime, mon frère ! répliqua Olympe avec encore plus d'énergie, et elle ajouta : ce ne sont pas des mots qui doivent courroucer, c'est des choses dont il faut rougir quand elles font manquer à la loyauté.

» — Vous me parlez sur un ton étrange, reprit Donatien avec aigreur; est-ce parce qu'il vous plaît de faire un mauvais mariage que vous voudriez m'obliger à vous imiter?

»—Pauvre enfant! dit Olympe en s'arrêtant tout-à-coup et en regardant son frère avec une expression particulière, vous me faites pitié; changeons-nous de rôle? suis-je le chef de notre maison? ai-je la charge d'en conserver la gloire intacte? est-ce par des récriminations puériles que j'échappe à mon devoir? Revenez à vous, Donatien, vous êtes gentilhomme, prouvez-le, non par de l'orgueil, mais par des vertus; achevez de parcourir la carrière où vous êtes entré, ne vous occupez pas de moi, quoique peut-être je pusse vous servir d'exemple.

» — Vous êtes une femme étrange et vous abusez beaucoup de cette amitié que vous m'accusez de ne pas avoir pour vous.

» — Ecoutez, mon frère, répondit Olympe du ton d'un enthousiasme de conviction, vous marchez au bord d'un abîme, et la chûte y sera prochaine si vous ne revenez à de meilleurs sentimens; vous êtes comme tous les hommes, vous aspirez au bonheur; il est parmi nous avec une femme charmante, belle et bonne, qui vous aime et qui sera heureuse de votre amour. Elle a droit d'y compter, car vous lui avez juré qu'il n'aurait point de fin. Elle est votre fiancée en face du ciel, et vous ne pouvez vous dédire sans vous rendre coupable. Elle manque de naissance, ce sera un tort à la cour ; eh bien ! abandonnez la cour. Dénombrez-moi ceux auxquels elle procure une félicité parfaite. Venez dans le Languedoc, dans votre douce patrie, là nous passerons des jours sereins, et avant peu vous ne regretterez plus ces hochets brillans qui dégénèrent en si pénible amertume.

» — En vérité, Olympe, dit le prince de Marsal en déguisant son émotion, vous seriez un excellent prédicateur, mais je suis plus ferme que vous le pensez; je ne veux pas me marier encore, et je vous prie de ne point me tourmenter sur ce point.

» — Est-ce le faire que vous rappeler vos engagemens?

» — Je n'ai rien promis.

» — Vous ne répéterez pas ceci une seconde fois, car alors ce serait un mensonge.

» — De par Lucifer! pourquoi n'est-ce point votre beau paysan qui m'a tenu ce propos téméraire? Je lui aurais répondu de manière à lui enlever l'envie de le recommencer.

» —Oui, des mots vous blessent, et vos actes ne vous causent aucune honte. Démentirez-vous au moins vos lettres ?

» — Où sont-elles ? qu'on me les montre.

» — Je crains ce moment, et celui qui les a, est frère aussi ; il a de l'honneur, et du véritable. Il possède la preuve de ce que je vous dis, et certainement il en fera usage. »

Donatien donna tout-à-coup les marques d'une vive impatience; il frappa la terre du pied, se tordit les mains, et à la pâleur de ses traits succéda une rougeur éclatante, puis il baissa son front et alors il dit à sa sœur surprise, et qui l'examinait avec attention :

« Non, elles ne sont plus en son pouvoir, il me les a fait rendre.

» — Lui !... Il en est bien capable.... Ah ! Donatien, avouez-le, qu'il y a du noble dans ce paysan !

» — Oui, et même plus peut-être ; c'est un homme extraordinaire. Je suis bien fâché.... »

Il s'arrêta. Olympe, très agitée, lui prit les mains.

« Mon frère, il est pénible de mal conserver notre rang lorsque celui-là s'en crée un si supérieur. »

Donatien se promena lentement après s'être dégagé de sa sœur, et revenant à elle :

« J'estime monsieur Meuron, mais je me sens incapable d'imiter sa vertu ; d'ailleurs puis-je faire tant de peine à mes parens en leur donnant pour bru une fille sans naissance ?

» — Vos parens, malgré leur orgueil, rejetteraient-ils pour vous l'héritière d'une riche maison de banque ? la noblesse en France a-t-elle jamais refusé de prendre des femmes parmi celles de la finance, lorsqu'une dot énorme....

» — De telles richesses balançaient l'indignité de l'alliance.

» — Eh bien, Donatien, qu'à cela ne tienne. Jullite avec de la fortune vous paraîtra-t-elle plus digne de vous appartenir ? Vous savez l'immensité de celle que je possède, je lui en donne les deux tiers : vous trouverez difficilement autant ailleurs.

» — Moi ! vous dépouiller, Olympe !

» — Vous m'enrichirez, mon frère, car je vous verrai tous heureux.

» — Oh ! la rusée que vous êtes ! Avec quelle vivacité vous me poussez à ce mariage afin de pouvoir conclure le vôtre aux dépens du mien ! En vérité ce serait trop de deux Marsal dans la maison Meuron.

» — S'il n'en faut absolument

qu'un seul, si à ce dernier prix vous acceptiez ce que je vous propose, je suis prête, mon frère, à vous jurer de ne jamais me marier avec...... avec qui que ce soit, ajouta Olympe en rougissant.

» — Ce sacrifice serait sublime, répliqua Donatien plus dépité que jamais. Oui, vous valez mieux que moi, je le confesse à ma honte; vous me placez dans une alternative cruelle ; et moi qui me croyais en droit de vous adresser des reproches à cause de votre inclination que je n'approuve pas ! Je suis si bien enlacé dans vos filets que je ne sais comment en sortir à mon avantage. Vous êtes une cruelle fille , Olympe , une folle bien admirable, et qui cependant nous désespérerez tous.

» — Acceptez-vous, mon frère, mes deux propositions ? Je les renouvelle, mon dessein est de les tenir.

» — Je ne veux pas, vous ai-je dit, me marier encore. J'ai besoin d'aller faire un voyage en Angleterre avant que de prendre un parti. Pendant ce temps vous verrez d'arranger les choses, de me justifier ; les raisons ne manqueront pas d'assurer à Jullite que je l'aime toujours, que je croyais du moins l'aimer. Quant à son frère que j'estime, et que je ne crains pas....

» — Donatien, revenez à vous, vos paroles sont incohérentes ; les miennes n'ont jusqu'ici tendu qu'à vous toucher, qu'à vous conduire dans la route honorable qu'un homme de notre maison doit toujours suivre. Je n'ai pas osé vous faire envisager les conséquences sanglantes d'un refus opiniâtre. Que dois-je enfin dire à Jullite? que répondrez-vous à Paul quand il vous interrogera?

» — S'il le fait, s'il le croit nécessaire, je me rappellerai les services que les siens vous ont rendus, je ne me souviendrai pas de sa naissance, et le sort des armes décidera entre nous; c'est tout ce que je peux faire, et certes me mesurer avec un roturier....»

Olympe ferma la bouche à son frère par un mouvement rapide de sa main, tandis que ses yeux s'allumaient d'indignation.

« Assez! dit-elle, assez de folie! Je vous croyais naguère coupable, je vous plains maintenant, car votre raison vous abandonne. Vous flatteriez-vous d'honorer Paul en croisant votre épée avec la sienne? Ah! si jamais vous arrivez à ce moment funeste la gloire sera de votre côté, car il daignera descendre à vous de toute sa hauteur.

» — Votre opinion ne sera pas celle de tout le monde.

» — Provoquez-là par un récit sincère de sa conduite, de celle de ses proches, de la vôtre, et le monde jugera. Revenez à vous, Donatien, revenez-y, je vous en conjure; ne vous laissez pas égarer par cet orgueil malentendu qui repose sur un fondement indigne; ayez la vanité de la vertu, la seule qui nous convienne. Allons, mon frère, un bon mouvement, montrez-vous tel que vous devez être, nous saurons vous en dédommager.

» — Ma résolution est inébranlable, je veux voyager avant que de m'établir; je reconnais mes torts, je les avoue; je vous ai manqué, ma sœur; j'ai agi envers mademoiselle Meuron plus mal encore, non que je l'aie trompée, car je ne m'étais pas bien interrogé sur l'étendue du sentiment qu'elle m'inspirait, mais parce que je devais la respecter au seul titre de votre amie et en souvenir de tout ce que les siens ont fait pour vous. C'est là maintenant tout ce que je puis faire; je tâcherai de partir promptement, pas de sitôt toutefois, cette course ne devant pas être une fuite.

» — Je vous entends, votre orgueil est au-dessus de la tendresse que vous nous devez.

» — Je dois au moins autant à ce que j'appelle ma réputation ; je fais en renonçant à Jullie un sacrifice bien pénible, je le fais aux sages préjugés de la société, au besoin de conserver intacte la pureté de notre sang : vous m'imiterez, ma sœur.

» — Votre exemple ne me le commande guères, nous entendons chacun à notre guise l'honneur et le bonheur ; je sais où je trouverai celui-ci, et vous marcherez long-temps dans l'incertitude avant que de le rencontrer. »

Donatien ne répliqua pas, il lui tardait de quitter Olympe, son amour-propre ne lui faisait pas illusion sur l'infériorité du rôle qu'il venait de jouer dans cette lutte où sa sœur avait montré tant de grandeur d'ame ; humilié de la petitesse de la sienne, il avait de l'impatience à se soustraire à une comparaison qui le blessait ; il s'éloigna donc, tandis que mademoiselle de Marsal demeurait immobile et que des larmes s'échappaient de ses yeux.

CHAPITRE XXIX.

Un fragment du gouvernement occulte.

> *Quidquid excessit modum,*
> *Pendet instabili loco.*
> Sénèque, *OEdipe*, chœur du ive act.
>
> Tout ce qui passe les bornes ne peut
> être de longue durée.

Paul sortait de chez le capitaine Duville, auquel il était venu faire part des soupçons que lui inspirait l'émissaire de Napoléon, tant par l'aspect de sa personne que par la manière dont il cherchait à exciter les passions. Le capitaine, peu accoutumé à observer les hommes, quoiqu'il les vit beaucoup, ne partagea pas les défiances du sous-officier et soutint le messager qu'il trouvait un bon enfant, très franc dans ses actes et digne de confiance; il reprocha même à son ami d'en manquer envers un si digne personnage.

Paul n'insista pas. Il se retirait, avons-nous dit plus haut, lorsqu'il fut abordé dans la rue Taibout par un individu aux formes athlétiques, aux favoris énormes qui annonçait par toutes les habitudes de son corps un de ces hommes dégradés que la police emploie, et qui sont dignes par leurs vices du rôle infâme qu'elle leur fait jouer. Ce misérable s'approchant du jeune Meuron et lui présentant en même-temps une carte de couleur jaune, lui ordonna impérieusement de le suivre sous peine d'être amené de force par le concours de cinq ou six autres estafiers qu'il lui montra placés en vedette dans diverses parties de la rue. Un pareil compliment ne pouvait que déplaire à Paul, qui ne sut d'abord comment il devait le prendre et qui balança un instant entre une soumission pénible et une résistance incertaine; cependant ne se connaissant aucune action qui pût lui mériter la sévérité de la justice, il imagina que son arrestation ne serait que momentanée, puisqu'elle ne pouvait provenir que d'une erreur, et il se détermina à ne point se mettre en lutte ouverte avec une telle canaille ; il se contenta de dire à cet homme qui lui faisait horreur :

« Je suis prêt à vous suivre ; mais ne m'approchez pas jusqu'à ce que nous ayons pu prendre une voiture à l'entrée du boulevard. »

Le hideux personnage consentit à ceci, et tout en le serrant de près ainsi que le reste de sa bande, le suivit jusqu'au premier fiacre que l'on trouva bientôt après. Il y monta avec Paul, tandis qu'un autre mouchard se plaçait sur le derrière en guise de domestique de place, et le mot donné au cocher, on chemina vers le ministère de la guerre.

Il y avait tout auprès un bureau particulier et mystérieux appartenant à la direction du gouvernement oculte déjà en plein exercice et que le ministre ne dominait pas. Là, on faisait un contrôle sévère des opinions de tous les membres de l'armée ; là, on dressait déjà des catégories afin de savoir ceux sur lesquels on pouvait compter et ceux qu'on devait soumettre à une surveillance active. Ce bureau avait des ramifications étendues avec la préfecture de police et la grande aumônerie. On faisait journellement, entre ces trois lieux, un échange multiplié de notes accusatrices, de dénonciations méticuleuses, de frayeurs réelles ou simulées ; de là partaient ces fausses mesures propres à tourmenter les esprits, à fatiguer la troupe, et qui préparaient mieux la voie à la rentrée de Bonaparte que toutes les conspirations que l'on imaginait.

Un personnage, ancien officier et abbé depuis, présidait à cet antre obscur ; il portait un costume amphibie qui tenait de ses deux professions successives : la redingotte de la première et la coiffure de la seconde, mélange bisarre alors fort à la mode, et surtout très en rapport avec la circonstance. Cet homme ni beau ni laid, mais souple, ardent, irritable et sournois, qui détestant quiconque portait une épaulette, couvrait d'un souverain mépris les simples soldats; un sous-officier, fut-il même décoré, ne devait pas en attendre de grands égards, surtout s'il le savait entaché de bonapartisme, et c'était le cas de Paul Meuron.

Après que celui-ci eut attendu assez longtemps dans une petite salle basse dont les deux fenêtres étaient solidement grillées, on le fit entrer dans le cabinet particulier du chef en question, qui, assis et sans se découvrir ni faire aucun geste de politesse, demanda au survenant ses noms, prénoms, son âge, son domicile et autres questions pareilles par lesquelles on ouvre toujours un interrogatoire judiciaire ou administratif. Ce préambule épuisé et soigneusement écrit par un petit garçon présent et qui servait de scribe, on passa à quelque chose de plus important.

« Quelles sont vos opinions politiques ?

»—Elles m'appartiennent, Monsieur, répondit Paul, et pourvu que je ne les propage point, nul n'a le droit de m'en demander compte.

» — Fort bien ! c'est me faire connaître que vous êtes ennemi du gouvernement.

» — Je présume, Monsieur, répartit Paul, que ce sera ma réponse qui sera transcrite textuellement, et pas l'explication qu'il vous plaît d'en faire. »

L'interrogateur le regarda avec une sorte d'indignation vaniteuse, qui provenait de l'étonnement que lui causait l'audace de cette riposte, puis il dit :

« N'avez-vous pas conspiré contre le gouvernement paternel des Bourbons?

» — Non, Monsieur: et Paul ici devina tout-à-coup la cause de son arrestation, et plus que jamais s'applaudit d'avoir repoussé la proposition qu'on lui avait faite de signer l'acte d'association colporté chez les militaires à la demi-solde ou en retraite, par l'émissaire prétendu de Napoléon.

« — Prenez garde à ce que vous dites; la preuve est acquise que vous comploté avec d'autres factieux.

» — La preuve? j'en doute; je défie qu'on la montre, et j'ai le droit de vous la demander.

» — Savez-vous à qui vous parlez? lui fut-il répondu avec hauteur.

» — Que m'importe! je suis devant quelqu'un qui m'accuse, c'est à lui à prouver ma culpabilité.

» — Cela sera facile, et puisque vous mettez autant d'arrogance dans vos paroles, on reprendra plus tard cette conversation. »

Il sonna : un gendarme entra, on lui dit :

« Conduisez cet homme à la prison de l'Abbaye, qu'on le tienne au secret. Voici l'ordre de son écrou. »

Paul, confondu d'un tel acte de despotisme, ne daigna pas s'en plaindre; il demanda seulement s'il pourrait prévenir sa famille de son emprisonnement. Un non séchement articulé lui enleva cette consolation : il n'eut plus qu'à suivre son guide.

Deux jours s'écoulèrent sans qu'il parût chez Olympe, qui, dans la circonstance présente, ne put voir cette absence sans inquiétude. Un duel aurait-il eu lieu entre lui et Donatien et serait-il succombé? Cette pensée qui la première s'empara de son esprit la troubla tellement, qu'il lui fut impossible de la supporter pendant quelques minutes; mais en même-temps elle craignit d'en parler à son frère, qui d'ailleurs ne paraissait plus dans cette partie de la maison, et songea à Silvère de Montmaure, qu'elle envoya chercher par un valet de pied. Lui-même, pendant que l'on allait à sa demeure, arriva chez Olympe, qui, surprise de le voir paraître aussi vite, se confirma dans la croyance d'un plus grand malheur, et s'écria :

« Oh mon cousin ! est-il vrai qu'il soit tombé sous le fer de mon frère ?

» — Qui ? demanda le duc avec étonnement. »

Olympe revenant à moins d'inquiétude par la vue de l'ignorance où était le duc de ce qui la tourmentait tant, éprouva une sorte d'embarras à s'expliquer, qui provenait principalement de la connaissance des sentimens de son parent pour elle, et du service qu'elle prétendait exiger; cependant elle se décida à lui faire part de son inquiétude de l'absence mystérieuse de Paul, et de la douleur que Jullite en éprouvait.

« Est-elle la seule qui en souffre ? demanda-t-il d'une voix mélancolique; n'en est-il pas une autre que je doive rassurer ?

» — Je ne vous ai rien caché des affections de mon ame, répondit Olympe, ayant toujours compté sur votre vertu, se refusera-t-elle aujourd'hui à me rendre le service que je désire? Que ce soit un sacrifice, je le conçois, mais il sera digne de vous.»

Alors entrant en matière, elle lui raconta tout ce qui se passait dans l'intérieur de la famille, les galanteries de Donatien pour Jullite, légèretés impardonnables; le juste mécontentement de Paul, les diverses scènes qui avaient eu lieu, et la marche menaçante de cette affaire suspendue tout-à-coup par la disparution de celui qui en était le principal acteur.

Le duc de Montmaure écouta ce récit avec un chagrin manifeste. Donatien s'était caché de lui en tout cela, redoutant sans doute la sévérité de ses principes; il concevait d'une autre part combien était légitime l'indignation de Paul, et non moins qu'Olympe, il ne pouvait expliquer son absence; il savait ce que la reconnaissance lui imposait d'obligation envers lui, et commandant le silence à ce que l'amour pouvait faire entendre dans son cœur, il rassura d'abord sa cousine, et puis lui promit qu'il allait sans retard s'occuper de la recherche du sous-officier; il ajouta :

« Je vais d'abord entrer chez votre frère, et soit qu'il ne se trouve pas chez lui, soit, comme tout me le laisse croire, s'il ignore comme nous ce que M. Meuron est devenu, je ne reviendrai pas ici en le quittant, vous ne me reverrez aussi vite que dans le cas d'un malheur qui certainement n'a pas eu lieu ; je ne reparaîtrai donc que pour vous donner des nouvelles positives de celui que je ne perdrais qu'avec de vifs regrets, quoique son existence me coûte le bonheur de ma vie. »

Le duc, après avoir prononcé ces derniers mots, et honteux de les avoir dits lorsqu'il convenait de montrer plus de délicatesse, s'éloigna rapidement sans prendre congé de sa cousine; il passa dans l'appartement du prince de Marsal, et apprit avec plaisir qu'il était chez sa grand'mère; il l'envoya quérir, et il vint peu de temps après.

« Est-ce vous, Silvère? dit-il en l'abordant; vous rare comme une belle journée à Paris, qui nous fuyez tandis que votre société nous serait si agréable ! Nous parlions de vous avec la marquise; elle tient plus que jamais à votre mariage avec Olympe, et compte en demander la permission au roi dès que ma sœur aura été présentée.

» — Ce serait me rendre heureux, si des obstacles..... Vous les connaissez, Donatien, vous savez si votre sœur est prête à me donner sa main....

» — Oui, une belle passion née dans la montagne Noire, qui s'amoindrira dans Paris, et qui disparaîtra en fréquentant la cour. Est-ce qu'on croit maintenant aux passions immortelles ?

» — Ce n'est pas vous, au moins, et vous le prouvez maintenant.

» — Qu'est-ce à dire ? vous auriez appris...

» — Votre avenir me tourmente; celui qui doit se plaindre de vous n'est pas un homme ordinaire....

» — C'est un sergent-major, je suis colonel, j'ai au moins la suprématie du grade.

» — Ne vous êtes-vous pas rencontrés ces jours-ci?

» — Non; je sais qu'il a le projet de me joindre. Je ne l'ai point encore aperçu.

» — On ne sait ce qu'il est devenu depuis deux jours, sa sœur redoute....

» — Oh! si j'avais le malheur... Cela n'aura pas lieu.... Cependant s'il veut absolument de moi une réponse positive, quoique ce soit un roturier et le fils d'un domestique de mon père, je consentirai.... car enfin il a de l'honneur, s'est bien conduit, et par suite mérite qu'on lui passe son défaut de noblesse. »

Le duc écouta son cousin avec une froideur visible; il lui trouvait des torts qu'un duel ne réparerait pas; il désapprouvait cette gaîté, cette vanité folle, lorsqu'il aurait dû gémir de son étourderie; aussi loin de lui répondre sur ce qu'il venait de dire.

« Dès que vous n'avez pas vu M. Meuron, j'irai à sa recherche.... »

Il fit quelques pas pour sortir, puis se rapprochant du prince :

« Mon cousin, voulez-vous m'accorder le pouvoir d'accommoder cette malheureuse affaire ?

» — Volontiers, pourvu que mon honneur ne souffre pas.

» — Lequel, Donatien?

» — Ah! vous êtes comme Olympe, dans l'exagération du sentiment. Je ne veux point faire des excuses verbales; je puis convenir par votre organe que j'ai eu tort, et c'est vrai; mais aller au-delà me déplairait d'abord, et je vous désavoûrais ensuite. »

Le duc cette fois partit craignant bien qu'un mandat aussi restreint ne fût pas utile; il alla d'abord à l'hôtel de Castellanne, où on ne put lui donner aucun renseignement. Il se transporta à la police. M. d'André lui promit des merveilles, l'assura que dans vingt-quatre heures il lui apprendrait où était son homme, et n'en fit rien. Le duc se rappela le nom du capitaine Duville; il courut à sa recherche au moyen d'une de ses cartes de visite qu'il avait trouvée à l'hôtel de Castellanne, où elle était attachée à une glace dans la chambre de Paul.

Le capitaine Duville à la nouvelle de la disparution de son ami, se montra vivement affecté; mais ayant plus d'attachement que de lumières, il n'imagina pas que Paul pût être la victime d'un complot; il énuméra toutes les maisons de jeu, tous les lieux publics et particuliers où on pouvait trouver un jeune homme ; mais M. de Montmaure lui fit observer que certainement ce n'était point dans de tels endroits que M. Meuron serait resté depuis trois jours, si même il y avait jamais mis le pied. Duville convint que ceci était au moins incertain, il retomba dans sa première inquiétude, et se mit lui-même en route pour aller à la quête de Paul.

Le duc se rappela que ce jour même il devait dîner avec le sous-officier chez la comtesse de Mareville. Une sorte d'espérance le conduisit vers cette dame, se flattant que Paul, de retour de quelque voyage dans les environs de Paris, se serait empressé de se rendre chez elle ainsi qu'il en avait reçu l'invitation; mais il ne l'aperçut pas davantage dans cette maison qu'il ne l'avait rejoint ailleurs. La comtesse lui demanda où était son ami, et pourquoi il ne venait point. Force fut à Silvère pour l'excuser de raconter la disparution et toutes les conjectures sinistres qu'elle lui inspirait.

Il fut écouté avec une attention extrême. Madame de Mareville partagea son chagrin avec la vivacité qu'inspire à son sexe l'intérêt d'une amitié naissante; mais elle ne lui dit rien qui pût lui donner l'espoir que Paul serait retrouvé : ce n'est pas qu'elle aussi ne se promit de faire des démarches en faveur de M. Meuron, mais elle ne communiqua pas la pensée qui déjà l'avait frappée, et qui lui faisait deviner la vérité.

Après le dîner, et vers neuf heures du soir, lorsqu'une partie des convives songeaient à prendre congé, la comtesse prévint la compagnie en lui demandant la permission de la quitter. Elle prétexta une audience ministérielle de la plus haute importance ; chacun aussitôt la quitta, même le duc, qui fut chez Olympe l'instruire de l'inutilité de ses courses ; elle en apprit le résultat avec un redoublement de chagrin que son ame franche ne daigna pas dissimuler, bien que le marquis et la marquise de Puylaurens fussent venus la rejoindre, que dix ou douze personnes remplissent en ce moment son salon. Quant à Jullite, vivement tourmentée et n'ayant pas besoin de le cacher, elle s'abandonnait à toute sa douleur.

Madame de Berneil, loin de partager la tristesse des deux jeunes personnes, conservait son impassibilité ordinaire, qu'animait de temps à autre un éclair de joie maligne. Elle ne parlait ni à Olympe ni à Jullite du sujet de leur peine, et accordait tous ses soins aux honneurs du salon, dont elle était seule chargée. Ce soir-là le duc contemplait avec colère cette indifférence, mais n'allait jusqu'à en soupçonner la cause criminelle.

Dix heures sonnaient; on annonça la comtesse de Mareville. Le duc de Montmaure manifesta sa surprise de la voir arriver. Elle se plaignit à lui du peu de succès de sa course vers un ministère : l'excellence était partie de son hôtel, un ordre inopiné du roi l'ayant mandé aux Tuileries. Cette explication était naturelle et contenta celui qui la reçut. La comtesse, après avoir causé un instant avec la marquise de Puylaurens et Olympe, s'approcha de la chanoinesse, et s'asseyant à l'écart avec elle :

« Je viens pour vous, Madame, lui dit-elle ; je viens reprendre la conversation de l'autre fois. »

Un sourire méchant passa sur les lèvres de madame de Berneil, qui se hâta de répondre :

« Vous êtes charmante, et je compte beaucoup sur vos bons offices, mais ce sera pour l'avenir, car maintenant M. de .... (c'était le chef du bureau secret de la guerre) a rempli une partie de mes espérances.

» — Vous êtes-vous adressée à lui ?

» — Non pas moi, mais l'abbé de Saint.... ils sont intimes.

» — Alors qu'ai-je à faire?

» — Nous le verrons plus tard. On est ici dans une profonde mélancolie; elle passera, grâce à mes démarches pour sauver l'honneur de la famille.

» — Et bien vous faites, répliqua la comtesse. Où en serions-nous si les roturiers se mettaient à épouser nos riches héritières? les pauvres à la bonne heure, quand eux ont beaucoup de fortune. »

Les deux dames se serrèrent la main mutuellement; la comtesse se rapprocha de la table d'écarté, parut s'occuper d'un coup piquant qui avait lieu, et tandis que chacun y donnait son attention en le commentant selon l'usage, elle dit au duc de Montmaure et à voix basse :

« Consolez mademoiselle de Marsal et sa jeune amie; dites-leur que demain leur frère sera rendu certainement à leur tendresse. Ne me nommez point. Méfiez-vous ici de tout le monde. M. Meuron est la victime d'un complot infernal. »

Le duc, accoutumé par la grande habitude de ceux de sa caste, à taire à son visage les émotions ordinaires de son cœur, écouta avec une apparence indifférente ce qui le jetait dans une surprise extrême ; il répliqua même en riant qu'il ne manquerait pas de s'acquitter d'une commission si agréable, et cela avec un ton tellement dégagé que ceux qui l'auraient entendu ne se seraient pas imaginés qu'il répondait à une chose très importante et dont la solution l'intéressait beaucoup.

La comtesse se retira bientôt après. Le duc choisit ce moment pour se rapprocher de sa cousine. On doit apprécier l'étonnement d'Olympe, les questions qu'elle fit, les éclaircissemens qu'elle demanda ; elle n'en eut aucun de précis, mais l'assurance renouvelée que

Paul lui serait rendu le lendemain, et le duc termina par lui transmettre l'injonction qu'il avait reçue de la comtesse, celle de ne rien apprendre de ce qu'il lui confiait qu'à la seule Jullite. Ceci fournit à mademoiselle de Marsal autant de joie que de motifs de longues réflexions.

CHAPITRE XXX.

La protectrice et le protégé.

> Il y a des liens invisibles dont la Providence se sert pour enchaîner les méchans au profit des bons.
> BOURDALOUE.

Le bureau véritablement oculte du ministre de la guerre venait à peine d'être ouvert; le chef mystérieux déjà rendu à son poste, examinant le travail de la veille, se préparait à celui du jour, lorsqu'un domestique entra et demanda si Monsieur était visible.

« Pour personne, répondit-il.

» — Mais, Monsieur, c'est madame la comtesse de Mareville...

» — Oh ! qu'elle entre, je serais au désespoir...... Que me veut-elle d'aussi bonne heure ? c'est une femme dont l'activité..... »

Ce court monologue fut interrompu par l'approche de la dame que M. de.... avait été chercher en dehors de la porte de son cabinet. Elle s'assit familièrement et salua de la main le personnage encore debout devant elle, et dont tous les traits exprimaient le contentement d'une visite à laquelle il paraissait attacher un haut prix.

« Bonjour, mon très cher, lui dit la comtesse ; vous êtes confondu de me voir ici ? j'aurais dû sans doute vous écrire pour que vous eussiez à venir me trouver, mais cela eût pris du temps, et lorsque vous faites des sottises ma vieille amitié est empressée de les réparer.

» — Des sottises, madame la comtesse ! je ne crois pas..... il me semble..... et la figure de monsieur....se rembrunit, et son amour-propre blessé alluma ses joues de la rougeur du mécontentement.

»—Oui, vos sottises, je le répéterai quoique le mot vous blesse; n'en est-ce pas une que prétendre se brouiller gratuitement avec moi?

» — Ah! pouvez-vous le croire? moi avoir cette pensée! Vous connaissez mon amitié respectueuse, tous les droits que vous avez à ma reconnaissance; on m'aura calomnié auprès de vous, supposé des propos que je désavoue. Grand Dieu! je vous aurais offensée!

» — Oui, vous l'avez fait, et de votre pleine volonté encore.

» — C'est une énigme dont je me mettrai à vos pieds pour en obtenir le mot.

» — Que vous allez savoir, car

je vous aime encore; je ne veux ni vous nuire ni me venger qu'après une explication franche entre nous deux. »

Une agitation extrême se manifesta plus que jamais sur les traits du chef. Il devait sa place à la comtesse, savait l'influence qu'elle avait au château, et certes ce n'était à elle qu'il aurait voulu déplaire; aussi, en recommençant à l'avance sa justification, il pria madame de Mareville de ne pas tarder à lui faire connaître des griefs qui certainement étaient supposés.

« Non, non, vous vous avisez de tomber sur les personnes qui m sont agréables ; vous faites disparaître sans m'en prévenir un homme qui m'est très recommandé, que j'estime beaucoup, et en faveur duquel je serais prête à vous rompre en visière, persuadez-le vous bien.

»— Son nom, son nom, madame la comtesse, répliqua M. de ..... encore plus intrigué.

» — Il s'appelle Paul Meuron, ancien sous-officier dans la garde impériale et chevalier de la Légion-d'Honneur, né à Montclair, canton de Revel, arrondissement de Villefranche, département de la Haute-Garonne. Ces renseignemens suffiront-ils à votre mémoire pour la mettre sur la voie ? »

Le chef ne répondit pas, s'approcha de son bureau, prit avec vivacité un registre soigneusement fermé par une serrure, l'ouvrit, le parcourut avec une attention rapide, s'arrêta, mit le doigt sur une ligne et lut à haute voix :

Le nommé Paul Meuron, etc., arrêté à la recommandation expresse de l'abbé de Saint..... comme ayant déshonoré une demoiselle de la plus haute naissance et s'obstinant à vouloir l'épouser à cause de sa grande fortune. Prétexte de l'arrestation : *Attendu qu'il est présumé avoir pris part à la conspiration actuellement en jeu.*

La lecture terminée, M. de....
se tourna vers la comtesse avec
une physionomie radieuse.

« Eh bien, Madame! s'il y a
tort en ceci, est-ce ma faute?

» — Ce sont des indignités, ré-
pondit-elle en levant les épaules:
où veulent donc nous conduire ces
imbéciles dont vous recevez les
ordres trop facilement?

» — Ah! cependant les conspirations sont bonnes; elle servent à
payer le zèle de nos amis et à nous
défaire des autres.

» — Ce sont des moyens misé-
rables; au reste on y tient, qu'on
les garde. Mon affaire aujourd'hui

est de vous quereller bien fort d'avoir eu la main assez maladroite pour peser sur un homme à moi. Je vous déclare que je serai dorénavant la protectrice de celui-là, et que si vous ne lui rendez pas la liberté dans une heure...

» — Eh, Madame! à quoi bon les menaces envers votre esclave ? Je vais expédier l'ordre de son relaxe devant vous ; mais cependant que dirai-je à l'abbé de Saint...?

» — Tout ce qu'il vous plaira, hors mon nom que je vous défends de lui livrer. Vous avez fait l'étourderie, réparez-la de votre mieux ; ceci ne me regarde aucunement, entendez-vous? mais dites-lui que les appuis de ce jeune homme le soutiendront envers et contre tous, et que s'il persiste à le tourmenter, il aura lui-même affaire à forte partie. »

Tandis que la comtesse s'expliquait avec cette généreuse véhémence, M. de... écrivait la pièce qui rendrait promptement Paul Meuron à ses amis. Il se hâta de la donner au gendarme de planton, avec l'injonction de se rendre sans retard à l'Abbaye et de faire lever l'écrou qui pesait sur ce prisonnier; et ce soin pris il revint à faire des excuses à madame de Mareville et à la conjurer de ne pas lui en vouloir.

« Vous savez, lui dit-elle en souriant, que je vous suis sincèrement attachée. J'ai relevé cette bévue parce qu'elle me dépitais. Je savais que vous ignoriez quel intérêt je prenais à une personne remplie d'honneur et que l'abbé de Saint.... calomnie sur la recommandation d'une méchante femme. Vous me tiendrez au courant de ce que désormais on machinera contre lui »

M. de.... s'y engagea par les sermens les plus solennels : la dame répliqua :

« Ne jurez pas tant si vous tenez à ce que je vous croie. »

Ils causèrent ensuite de faits

particuliers qui les intéressaient, et lorsque la comtesse regagna son carrosse, le chef l'accompagna galamment jusqu'à la porte extérieure de la rue.

Une heure après la chanoinesse, qui traversait le salon pour entrer dans la salle à manger, rencontra le sous-officier donnant le bras à-la-fois à la princesse et à Jullite. Une joie pure brillait dans les yeux de ce groupe satisfait : il produisit sur madame de Berneil l'effet de la tête de Méduse. Elle demeura immobile ; ses traits se décomposèrent, et une demi − exclamation de colère lui échappa ; mais prompte à se remettre d'un choc involontaire, elle para son visage d'une allégresse de circonstance qui néanmoins ne put être assez complète pour déguiser le chagrin amer que lui faisait éprouver la délivrance de Paul. On ne parut point faire attention à son dépit, qu'on attribua seulement à la malveillance naturelle qu'elle portait à la famille Meuron.

Déjà Olympe avait appris à son ami ce qu'elle croyait savoir, que c'était au duc de Montmaure qu'il devait sa liberté; et lui, rempli de reconnaissance, se montrait impatient d'aller la lui manifester. Il raconta son aventure pendant le déjeûner, comment on l'avait arrêté, sur quel prétexte, la rigueur mise à le tenir au secret, et sa sortie pas plus motivée que le reste. Ce récit écouté avec un vif intérêt par Olympe et par Jullite, donnait beaucoup à penser à la chanoinesse, qui, reconnaissant dans l'acte de la délivrance de Paul l'effet d'un pouvoir supérieur, n'alla pas jusqu'à soupçonner madame de Mareville, mais en fit les honneurs au duc de Montmaure, qu'elle qualifia intérieurement de stupide personnage. Cependant loin d'abandonner la partie, elle se promit de passer le même jour à la grande aumônerie, pour apprendre à l'abbé de Saint.... ce que peut-être il ne savait pas encore.

Olympe, heureuse de revoir Paul, se hâta de terminer le dejeûner. Il finissait, la chanoinesse venait de se retirer, lorsque le duc de Montmaure survint. Il laissa paraître tout son contentement de la délivrance de M. Meuron, et lorsque celui-ci commença à le remercier avec une vive effusion :

« Réservez, lui dit-il, ces expressions reconnaissantes pour quelqu'un qui les mérite plus que moi ; je n'ai fait en votre faveur que des courses inutiles, tandis que la comtesse de Mareville a certainement déjoué le complot qui vous avait atteint. »

A la suite de ce début le duc répéta tout ce qu'il savait : c'était peu de chose, n'ayant pas revu cette dame depuis la veille; il était seulement positif, d'après le propos qu'elle lui avait tenu, qu'il ne fallait pas chercher ailleurs le protecteur réel du sous-officier.

On s'émerveilla du zèle qu'elle avait mis à servir celui-ci, et il fut convenu que tout en gardant le secret recommandé, on lui témoignerait la gratitude qu'inspirait un pareil procédé. Paul se décida à se rendre directement chez elle. Cependant il tint auparavant à passer chez le capitaine Duville, afin de le prévenir du coup qui le menaçait, si par cas lui-même encore était libre.

Le duc de Montmaure sortant avec Paul, le pria de lui accorder avant la nuit un entretien particulier.

« Nous dînerons ensemble, lui dit-il, et puis nous parlerons affaire; car j'en ai une, et très importante, à traiter avec vous.

» — Je suis à vos ordres, Monsieur le duc, de toutes les manières vous pouvez disposer de moi à votre volonté.

» — J'y compte un peu, répartit Silvère, je souhaite en effet avoir sur vous quelqu'influence : je ne l'emploirai pas contre vos intérêts. Nous irons, afin d'être plus libres, prendre un cabinet chez

Véry. Je vous attendrai à cinq heures et demie devant le pavillon de la Paix au Palais-Royal. »

Ils se séparèrent; Paul rêvant à ce que le duc lui voulait, et ne le comprenant pas, il chemina vers la Chaussée-d'Antin, et apparut au capitaine Duville, qui se jeta vivement dans ses bras en le félicitant de son retour, tandis que son absence mystérieuse avait très allarmé ceux qui l'aimaient.

« Mon absence, dit Paul, c'est une détention qui est la cause que je vous ai mis tous émoi. Alors il fit le récit de ce que l'on connaît déjà. A mesure qu'il parlait, le capitaine se livrait à des mouvemens de colère, jurait en franc militaire contre le misérable qui les avait tous trompés ; car pour cette fois il ne doutait plus que l'homme qui se vantait d'être le missionnaire de Napoléon, ne fût l'agent de la police royale. Le capitaine jura par son sabre qu'il irait à la recherche de ce misérable coquin, et que s'il le rencontrait il le traiterait selon ses mérites. Paul lui promit d'être de moitié dans le châtiment à appliquer à cet agent provocateur, et tous les deux se séparèrent : Paul pour aller chez la comtesse, et Duville pour prévenir tous ceux de ses camarades qui, comme lui, avaient donné leur signature, dans quel piége infâme on les avait fait tomber ! »

Madame de Mareville n'était pas sortie; elle reçut M. Meuron avec une bienveillance extrême, se refusa à recevoir ses remercîmens, voulut même d'abord nier la part qu'elle avait eue à cette affaire, mais enfin lui dit :

« Vous avez besoin, Monsieur, de beaucoup de prudence; ceux qui sont vos ennemis peuvent vous nuire.

» —Si je les connaissais !

» — On ne se bat pas avec une vieille femme, répondit la comtesse inconsidérément.

» — Ah, Madame! s'écria Paul, vous venez de nommer mon ennemie!

» — Si j'ai eu ce tort, c'est une vraie étourderie; n'ayez pas celui de vous venger. Vous savez comment vous l'avez offensée : elle n'est plus dans l'âge où un champion vaillant consentirait à prendre sa défense, et en conséquence elle a choisi le seul moyen de vous punir. Ne lui manifestez pas votre connaissance de cet acte de noire malignité : il faut autant qu'on peut éviter d'enflammer nos ennemis, et ils le deviennent d'autant plus que nous nous montrons instruits de leur haine.

» — Je me conformerai, Madame, répartit Paul, à votre conseil, avec d'autant plus de facilité qu'à part mon désir de vous complaire, il me serait désagréable de faire un acte hostile contre une personne que nul ne défendrait. Je sais combien elle est méprisable ; je me garderai d'elle, et ce sera tout. Je ne pense pas, poursuivit-il, qu'aucun autre membre de la famille qui la couvre de sa protection ait trempé dans cette infamie.

» — Non, assurément, Monsieur, ils en sont incapables. Le vieux couple, s'il le pouvait et s'il croyait devoir le faire, ne balancerait pas à solliciter contre vous une noble lettre de cachet ; mais vous calomnier, vous prendre dans un piége odieux, ils en sont incapables. Quant au prince Donatien, tout me prouve que s'il a eu à se plaindre de vous, il ne confiera qu'à lui seul le soin de terminer cette querelle.

» — C'est aussi mon opinion, reprit Paul avec une expression de tristesse, et plut à Dieu que de mauvais conseils ne l'eussent jamais égaré !

» — Monsieur, répondit la comtesse en pesant sur ses paroles, vous êtes vis-à-vis de lui dans une position délicate ; vous lui devez de grands ménagemens. Votre bonheur en dépend, je ne dirai pas votre fortune.

» — Et vous faites bien, Madame, car elle n'est d'aucun prix à mes yeux. Je sais tout ce que je dois au prince de Marsal, mais je sais aussi ce que je me dois à moi-même, et rien à mes yeux ne peut entrer en balance avec mon honneur. »

Un instant de silence suivit ce dernier propos : la comtesse ne le releva pas, et peu après le sous-officier prit congé d'elle, voulant écrire à son père avant d'aller rejoindre le duc de Montmaure ; mais, avec l'exactitude militaire, il se trouva à cinq heures et demie au lieu convenu. Il n'attendit pas longtemps; le duc parut peu de minutes après, et s'excusa sur un retard involontaire, tant il possédait cette politesse délicate qui se refuse à rien accepter de la différence des rangs. Tous les deux entrèrent chez Véry et demandèrent un cabinet particulier.

La conversation pendant le dîner roula sur la politique intérieure et étrangère. Le duc espérait que la paix se consoliderait; Paul voyait dans l'avenir des nuages grossir et annoncer la tempête; il apercevait les fautes de la cour encore mieux que son amphytrion.

Enfin ils quittèrent la table, descendirent dans le jardin du Palais-Royal, ce soir-là presque solitaire à cause de l'incertitude du temps, et prenant une contre-allée, ils cheminèrent quelque temps sans se parler, et ceci parce qu'ils avaient beaucoup à se dire.

CHAPITRE XXXI.

L'insistance d'un homme d'honneur.

> Il est des gens... d'un certain ca-
> ractère avec qui il ne faut jamais
> se compromettre... et contre
> qui il n'est pas même permis d'a-
> voir raison.
>
> LABRUYÈRE.

« M. Meuron, dit enfin le duc de Montmaure, êtes-vous disposé à m'honorer de votre confiance ?

» — Elle vous est acquise depuis longtemps, répartit Paul, et tout m'assure que vous en êtes digne.

» — J'ai grand besoin que vous ayez cette opinion, afin de pouvoir vous faire entendre avec succès la voix de la sagesse. J'ai mission de vous parler de la part du prince de Marsal.

» — Que vous a-t-il chargé de me dire ?

» — Il a un vif regret de tout ce qui s'est passé; il s'accuse d'imprudence, et certes, lorsque l'on connaît son caractère, c'est obtenir beaucoup de lui qu'un pareil aveu.

» — Je n'en doute pas; je sens combien il doit lui être pénible, et pour moi il l'est encore plus, car je ne le trouve point suffisant.

» — Vous êtes injuste, Monsieur.

» — Non, je ne le suis pas ; je demande un acte convenable, une réparation qui seule peut me contenter. Vous en a-t-il fait part, car on a dû la lui faire connaître ?

» — M. Meuron, répliqua le duc, ne mettez aucune inflexibilité dans cette affaire; cherchez au contraire le moyen de la terminer à votre avantage. Vous n'êtes point dans une position heureuse envers ma famille, et pourtant votre besoin est grand de la contenter. Pensez-vous y parvenir en insistant sur une exigence, très naturelle sans doute, et que je vous conseillerais de maintenir si vous étiez entièrement étranger à mes proches ? mais vous ne l'êtes pas ; ma cousine vous aime, vous l'aimez aussi ; l'espoir de l'obtenir ne doit pas vous abandonner, et sera-ce un moyen de parvenir à elle qu'un duel avec le prince Donatien ? Je vous parle ici contre mon intérêt personnel, j'immole ma tendresse dédaignée à votre bonheur ; je le fais parce que je crois devoir le faire, et pour éviter une effusion de sang qui nous désespérerait tous.

» — Elle me causerait au moins une douleur affreuse. »

Les deux interlocuteurs recommencèrent à se promener sans se parler. Paul Meuron s'arrêtant, ajouta ensuite :

« M. le duc, je vous admire, je suis honteux de vous être tant inférieur; mais il m'est impossible de me rabaisser dans ma propre estime; je ne peux accepter d'autre satisfaction que celle propre à relever ma famille.

» — Vous voulez donc perdre la main de ma cousine ?

» — Je songe à mon devoir de frère, à mon droit de citoyen. Le prince de Marsal a promis mariage à ma sœur, il faut qu'il la demande à mon père; c'est le cercle que je me suis tracé, et dont je ne sortirai pas.

» — M. Meuron, dit le duc non sans dépit, vous êtes un homme extraordinaire, vous jouez avec tout ce que la fortune vous offre d'avantages, comme si vous n'en connaissiez pas le prix. Vous vous placez dans une situation sans issue et cela volontairement et quoique bien instruit des conséquences qui en découleront. Montrez-vous moins superbe; passez-moi le mot par égard pour mes bonnes intentions. Le prince de Marsal a commis une faute, une faute grave; il y a été porté par sa légèreté naturelle, par une irréflexion dont il se repent; mais dans sa conduite imprudente, il n'a aucun reproche majeur à se faire, il a respecté ce qu'il devait respecter. Pourquoi vouloir être plus sévère envers lui qu'il convient de l'être? La vertu doit avoir aussi des bornes, il faut de l'indulgence.

» — Je ne puis en avoir, M. le duc, et c'est ce qui me désespère. Je suis tout à-la-fois le frère de Jullite et le....»

Il s'arrêta, rougit.

«Je vous entends, dit M. de Montmaure avec un profond soupir.

» — Le prince est lui aussi lié des mêmes nœuds avec mademoiselle de Marsal; on pourrait croire, que dis-je? on croirait sincèrement que l'abandon de la défense de Jullite serait un sacrifice à mon intérêt personnel ; qu'en me taisant j'espérerais acquérir un droit sur celle qui m'est si chère. Il y aurait là quelque chose d'obscur, d'embarrassé, qui entacherait ma délicatesse.

» — C'est pousser celle-ci hors de toute mesure.

» — C'est la maintenir dans la ligne dont elle ne doit pas descendre. Oui, plus je pourrais gagner à un accommodement, moins je dois y accéder. Il faut que je m'élève à la hauteur qu'on me dispute, non pas vous, Monsieur, qui m'estimez plus que je ne vaux, mais votre famille; il faut lui enlever jusqu'à la pensée d'une transaction à mon profit et qui m'humilierait en me couvrant de honte.

» — Vous exagérez, je vous le répète.

» — Soit, mais mieux convient ceci que toute autre conduite. Ma sœur est venue seule, en pleine confiance, et c'est le fils de la maison où chacun aurait dû la respecter, qui en aura fait son amusette, qui se sera joué de sa candeur, qui l'aura sciemment trompée! Non, non, la chose ne se passera pas ainsi. Le prince Donatien a dit à ma sœur qu'il la croyait digne d'être sa femme; il répétera, s'il le veut bien, cette phrase devant mes parens.

» — Ce serait, M. Meuron, un hymen forcé.

» — Que rien de ce que je dis ne vous le fasse présumer. Mon intention n'est point d'obliger votre cousin à épouser ma sœur. A Dieu ne plaise que j'allasse jusque là! ce serait alors que l'on pourrait croire que je me laisserais guider par un vil calcul. Je ne craindrai pas de vous faire connaître ma pensée secrète : je n'ai, dans ce que je demande, que le désir seul d'obtenir une réparation honorable. Que le prince fasse cette démarche, et je vous jure qu'un refus sera la réponse de mon père et de moi.

» — Ah ! s'écria le duc en pressant avec force le bras du sous-officier, il est certain que vous ne nous laisserez aucune supériorité possible. Pourquoi n'avez-vous pas plus de pitié de notre faiblesse?

» — Cela m'est impossible, soyez-en convaincu.

» — Si j'étais à la place de Donatien, je ne balancerais pas à vous satisfaire. J'ignore le parti qu'il prendra : je sais ce que je lui conseillerai, car vous êtes définitivement arrêté à celui-là ?

» —Oui, monsieur le duc. »

Ces mots furent prononcés avec une fermeté qui interdisait toute réplique. Silvère fit un geste comme pour remettre la suite de ce démêlé aux soins de la Providence, et la conversation se termina là. Il avait donné rendez-vous à son cousin au balcon de l'Opéra, et il fut le joindre après avoir demandé à Paul où il le rencontrerait lui-même le lendemain pour lui apporter la réponse du prince de Marsal. Paul répliqua qu'il irait la chercher chez le duc en la compagnie d'un de ses amis, vers neuf heures du matin.

« Je souhaite vivement, répondit M. de Montmaure, que l'intervention de celui que vous m'annoncez ne soit pas nécessaire, et que nous puissions tout arranger sans lui. »

Ils se séparèrent. Paul alla chez le capitaine Duville, qu'il ne trouva pas. Il lui écrivit deux mots pour le prier de lui consacrer toute la matinée, ayant besoin de son assistance dans une affaire d'honneur qu'il s'agissait de terminer promptement, car il ne partageait pas les illusions du duc de Montmaure, ou plutôt ce que ce dernier avait avancé sans trop y croire lui-même, sur la possibilité d'un accommodement tel qu'il le demandait.

Donatien était ce soir-là fort satisfait de son avancement militaire, car à la place du régiment français qu'il sollicitait, le ministre de la guerre paraissait disposé à lui accorder le grade supérieur de maréchal-de-camp. Sa vanité de jeune homme en était flattée, et certes il se croyait en position de pousser loin son chemin. L'incident qui pouvait l'arrêter au milieu de sa course était presque sorti de sa pensée lorsque le duc de Montmaure parut pour le lui rappeler. Dès que Donatien le vit entrer dans la salle, il s'empressa de quitter le balcon, où il assistait à une représentation du *Roi Pé-*

lage, de M. de Jouy, et amena son cousin dans le foyer, et là il lui demanda le résultat de sa mission.

« Elle est toute pacifique, répondit le duc, pourvu que vous n'ayez aucune répugnance à une démarche purement de forme que M. Meuron désire. Il veut que vous fassiez à son père ou à lui la demande de la main de sa sœur.

» — Rien qu'un mariage, et vous appelez cela rien?

» — Non pas un mariage, mais une simple démonstration satisfaisante à laquelle M. Meuron s'engage de répondre par un refus, et comme il me l'a juré par l'honneur, je suis convaincu qu'il tiendra sa parole.

» — Voilà une singulière fantaisie, à laquelle je ne me soumettrai pas.

» — Pourquoi, Donatien ? elle sera cachée ; elle ne vous obligera à rien de trop désagréable. Vous avez eu tort, vous le réparez par un acte honorable ; on s'en contente, on n'exige rien au-delà, je vous conseille d'accepter cette condition.

» — Et pour m'y soumetre, il faudrait consentir à descendre de mon rang, à m'abaisser de deux manières devant cette famille, d'abord par ma prière, et ensuite par l'affront de la voir repousser ! Je préférais cent fois plutôt épouser Jullite ; elle est charmante, elle a tant de vertus !.. Mais m'humilier sans avantage, uniquement pour satisfaire l'orgueil d'un homme de néant, c'est ce que je ne ferai point.

» — Songez au mal qu'il se fait lui-même par cette exigence. Voyez comment il s'éloigne de vous lorsqu'il aurait tant de besoin de s'en rapprocher ; avec quelle rigueur il brise le dernier nœud de son espérance. Imitez-le, Donatien, puisque vous n'aimez pas assez sa sœur pour en faire votre femme.

» — Eh le puis-je, mon cousin? mes parens y accéderaient-ils? que dirait le monde ? comment me recevrait on à la cour? Tout cela me retient et m'arrête ; car au fond je ne serai jamais aussi heureux avec quelque fille de qualité que j'épouse, qu'avec la simple, la modeste Jullite; mais quant à monsieur son frère, oh parbleu! il est trop exigeant. Je crois en vérité qu'il tend à mettre son cachet sur la maison de Marsal. Il n'en sera rien, je vous l'assure, et de ce côté je suis son très humble serviteur.

» — Est-ce là votre détermination?

» — Oui, dernière et irrévocable : je n'en démordrai point ; je ne suis pas un enfant qu'on mène à la lisière, et je ne connais pas d'acte qui pût m'outrager d'avantage que l'injonction de cette démarche, qui ne serait suivie d'aucun effet.

» — Il y a en elle de la bisarrerie, mais enfin c'est à l'offensé à savoir ce qui réparera l'offense qu'il a reçue, et c'est à l'offenseur à s'y soumettre ou à s'y refuser.

» — J'use de mon droit et m'y maintiendrai. Ah vraiment ! nous traiterions déjà, non d'égal à égal, ce qui n'est pas assez pour M. Meuron, mais de supérieur de sa part à l'inférieur de la mienne! il ne veut ni ne peut être mon beau-frère, et il lui plait de me déshonorer! Je ne serai jamais de moitié dans cette fantaisie.

» — J'avais mieux espéré de vous, Donatien.

» — Parbleu, Silvère, je voudrais vous voir à ma place, et quelle conduite vous tiendriez alors!

» — Je ne m'y serais pas mis, et par là j'aurais à l'avance tranché complétement la difficulté.

» — Oui, je sais que vous êtes plus raisonnable que moi; j'ai la tête légère, mes parens m'ont gâté, je sens ma faute dans cette circonstance ; je souhaiterais n'avoir jamais connu Jullite, ou plutôt que, par une aventure de roman, elle devînt tout-à-coup une fille de haute naissance. Le manque de bien ne m'arrêterait pas, car certainement je n'accepterai point l'offre généreuse de ma sœur. »

Le duc l'ignorait ; Olympe, par modestie, s'était refusée à le lui apprendre. Cette proposition de la part de mademoiselle de Marsal ne l'étonna point, ne fit qu'ajouter à son regret de ne pouvoir être le mari d'une femme aussi méritante; il reconnut dans tout ce que lui disait Donatien les combats de l'orgueil contre l'amour, que Jullite lui était chère, bien qu'il éloignât la pensée de l'épouser; il s'affligea pour lui de cette indécision de caractère, et voyant qu'elle ne prenait pas fin, il lui dit :

« Ainsi, Donatien, votre résolution est définitivement arrêtée ?

» — Oui, je consens à faire des excuses, car enfin j'ai tort, et j'offre ici plus que je ne devrais, mais non à ce que réclame monsieur Meuron.

» — Je dois alors vous prévenir que dans l'incertitude de votre réponse, il m'a dit qu'il viendrait demain la chercher chez moi en la compagnie d'un de ses amis.

» — Fort bien ! ceci est une déclaration de guerre dans les règles. Je vous prends à témoin, Silvère, que je ne suis pas sorti du camp le premier; j'en aurais eu le droit cependant, car enfin si j'aime sa sœur, lui... Mon ami, il m'est pénible d'avoir à me battre contre un homme auquel je dois tant personnellement, persuadé que ma reconnaissance des services rendus par son père lui appartient aussi. J'aurais voulu qu'il envisageât mieux cette affaire, qu'il se conduisît avec plus de modération, en conservant surtout les égards dus à ma famille par la sienne; car enfin doit-il oublier ce que nous avons été pour eux?

» — Si je peux vous répondre franchement, répliqua le duc, je crains que vous et les vôtres ayez trop pris le soin de le lui rappeler.

» — J'entends, il aura gardé de la rancune de notre début envers les siens; c'est de cela sans doute qu'il veut être vengé; soit, je ne m'y oppose plus. Votre rôle pacificateur cesse dès ce moment, mon cousin; je retire toutes les paroles d'accommodement que j'ai pu exprimer. On ne pourrait désormais se montrer facile qu'en inspirant des soupçons sur notre courage. A demain donc et à neuf heures chez vous. Votre amitié sans doute ne me refusera pas de me servir de second.

» — Laissez-moi remplir un autre rôle, je vous en conjure, celui de juge du camp : je désire rester neutre entre vous deux. Vous ne pouvez douter du vif attachement que je vous porte ; je lui dois la vie d'une autre part, et il me serait pénible de me montrer son adversaire même indirectement. L'office que je veux tenir de vous deux me convient davantage, car enfin peut-être au moment dernier serez-vous l'un et l'autre plus raisonnables, plus faciles à vous rapprocher. Voilà le chevalier de Versel qui vient à nous, accordez-lui votre confiance ; il y répondra dignement. Sa fatuité ne l'empêche pas d'être homme d'honneur et de bravoure. »

Le prince ne put pas en vouloir au duc de son refus. Il connaissait trop bien les dettes que ce dernier avait contractées envers Paul pour s'offenser de la reconnaissance qu'il en témoignait. D'ailleurs il resterait présent au combat prochain, et c'est tout ce qu'on pouvait exiger de lui. Donatien appela donc le chevalier de Versel et lui fit sa proposition. Il fallut lui conter l'affaire, dont il ne sut néanmoins qu'une partie, celle qui regardait Jullite. Il s'en étonna, exprima sa stupéfaction de la susceptibilité de cet homme de rien (ce furent ces expressions), déplora que la fin de l'ancien régime, en donnant tant de vanité à la roture, eût abrogé les lettres de cachet, avec lesquelles il était si commode de lui répondre, et cependant n'approuva pas moins la résolution du prince d'élever jusqu'à lui le vilain qui n'était pas content qu'on eût cherché à flétrir sa sœur.

M. de Montmaure laissant ensemble le prince de Marsal et son second, quitta l'Opéra. Il courut de toute la vîtesse de ses chevaux à l'hôtel de Puylaurens, où il voulait tenter un dernier moyen d'empêcher ce duel inévitable. Mais quoiqu'il comprit la difficulté de retenir désormais Donatien, il espérait plus de docilité de la part du jeune Meuron s'il était attaqué par l'influence qu'Olympe devait nécessairement avoir sur lui. Il connaissait le caractère ferme de sa parente, et craignait moins qu'envers toute autre de lui confier une affaire qu'en général on cache aux personnes de son sexe.

Il n'était guère plus de neuf heures du soir lorsqu'il arriva à la porte de l'appartement de sa cousine. Il s'informa avant que d'entrer s'il y avait du monde dans le salon. Les gens de la princesse lui répondirent qu'à part les trois dames de la maison, M. Meuron et deux autres messieurs formaient le reste de la compagnie. Le duc alors, s'adressant au premier valet de chambre, le pria d'aller dire secrètement à mademoiselle de Marsal qu'il désirait lui parler à l'instant même et hors de la vue de ceux qui étaient avec elle. Le domestique partit pour aller remplir sa mission, et un autre laquais fit entrer le duc dans une petite salle voisine qu'il se hâta d'éclairer, et où Olympe recevait les ouvriers qui venaient chez elle le matin.

CHAPITRE XXXII.

L'amour n'est pas écouté où le devoir parle.

Faites votre devoir et laissez faire aux dieux.
Corneille, *les Horaces,* act. II, sc. 8.

Mademoiselle de Marsal, surprise du message de son cousin, ne tarda pas à en être très alarmée; elle savait la commission délicate qu'elle lui avait donnée, et combien Paul devait être irrité contre Donatien; aussi ne doutat-elle pas que la venue mystérieuse du duc de Montmaure n'eût rapport à ce funeste incident; elle essaya de cacher son trouble, quitta la compagnie en priant Paul en particulier de ne point s'éloigner avant qu'elle ne fût revenue, et vint rejoindre le duc. Celui ci reconnut sans peine à l'émotion de ses traits le trouble de son ame; il fut à elle avec empressement, la conduisit vers un siége, et se plaça tout auprès, sans qu'elle eût la force de lui rien dire d'indifférent, et moins encore de lui demander la cause de sa visite inopinée; lui de son côté tremblait de s'exprimer : il le fallait pourtant.

« Ma cousine, dit-il, j'ai bon besoin que vous aidiez à mon désir de maintenir la paix entre deux superbes courages qui demeurent en présence sans consentir à se rapprocher ; mes efforts pour les adoucir sont vains, ils conservent une irritation réciproque, et je crains qu'il n'aillent encore plus loin. »

Le duc, à la suite de ce début peu rassurant, raconta tout ce qui se passait, l'exigence impérieuse de Paul et le refus absolu du prince Donatien de s'y soumettre ; il tut seulement le rendez-vous du lendemain, afin du premier coup de ne pas frapper trop rudement le cœur sensible de sa parente; mais il en avait dit assez pour éveiller sa terreur. Elle ne put retenir ses larmes qui coulèrent en abondance; elle demanda des conseils inutiles, une règle de conduite que M. de Montmaure ne pouvait lui tracer qu'imparfaitement.

« Parlez, lui dit-il, à M. Meuron, essayez ce que vous avez d'empire sur son ame; c'est de lui dorénavant que dépend la solution de cette affaire, puisque c'est lui qui a manifesté des prétentions qu'il ne veut pas adoucir.

»—Je le verrai demain, répondit Olympe, il m'entendra, et peut-être...

» — Puisqu'il est ici, reprit le duc, voyez-le tout de suite; les instans sont précieux. Dans ces sortes de circonstances, il faut ne rien retarder de ce qui peut les prévenir. »

Olympe comprit le sens de ces dernières paroles, et son trouble redoubla. Comment s'y prendrait-elle cependant pour retirer Paul du salon où il était, et cela de manière à ne point éveiller la curiosité de la chanoinesse et l'inquiétude de Jullite? Le duc se chargea de ce soin. Il laissa mademoiselle de Marsal toute seule et alla lui-même rejoindre la société. On le reçut avec l'accueil accoutumé :

lui demanda sa cousine; on lui dit qu'elle venait de passer dans la partie intérieure de son appartement, où l'avait appelé sans doute un soin de ménage, mais qu'elle ne tarderait à reparaître.

«Mademoiselle, répondit-il alors à Jullite, et cela de manière à être entendu de madame de Berneil, vous ne trouverez pas mauvais que je vous enlève votre frère pour un quart-d'heure. Il y a un des acquéreurs de mes biens, quand ils étaient devenus la propriété de la nation, qui désire s'arranger avec moi. M. Meuron connaît cette partie de mes terres, et il me donnera des renseignemens qui me sont étrangers. Voulez-vous bien m'excuser si je pars avec lui. »

Jullite répliqua par un signe d'acquiescement, et Paul alors placé auprès d'elle, se doutant d'ailleurs du véritable motif qui faisait parler le duc, le suivit sans faire aucune objection, et dès qu'ils furent dans l'antichambre, M. de Montmaure le prenant à part lui dit :

« Ne m'en veuillez pas si avant que de vous ouvrir la barrière de la lice dans laquelle vous avez tant d'envie de descendre, j'épuise tous les moyens qui peuvent mettre obstable à un duel qui m'est affreux. On peut encore tout concilier, et j'ai la mission maintenant de vous amener devant un arbitre dont vous ne récuserez pas le droit. »

Et sans donner à Paul le temps de répliquer, il ouvrit la porte de la salle où se trouvait Olympe et l'y fit entrer avec lui. Paul, à la vue de mademoiselle de Marsal, pâlit et fit un geste de peine ; puis s'adressant au duc :

« Ah, Monsieur ! c'est un piége que vous n'auriez pas dû me tendre !

» — Ne lui en cherchez pas querelle, répartit Olympe qui l'avait entendu, mon cousin est le meilleur de nous ; sa conduite est admirable. Que puis-je dire de la vôtre, Paul ; de la vôtre qui tend à me désespérer? avez-vous bien envisagé les conséquences de votre démarche, jusqu'où elles peuvent nous mener, quelle barrière insurmontable vous élevez entre nous? n'est-il aucun sacrifice à faire, je ne dis pas à moi, mais à votre sœur et à la générosité de M. de Montmaure?

» — Je sais ce que je vous dois à tous, répondit Paul, aussi ai-je fait plus que je ne devais faire. Mais, Mademoiselle, ma situation difficile ne me commande-t-elle rien? dois-je immoler ce que les hommes appellent l'honneur, et qui par le fait m'est plus cher que la vie, à des considérations d'égoïsme ? faut-il que je voie mon intérêt et non celui de ma famille? que je laisse humilier celle-ci sans en exiger un dédommagement? Celui que je réclame n'est pas si extraordinaire !

» — Que voulez-vous, Paul, dit Olympe, que mon frère épouse votre sœur? il le doit, vous devez l'exiger; mais renoncez à cette pensée, Jullite ne demande rien, elle se sacrifie pour moi; je dois être perpétuellement redevable envers votre famille.

» — Ce que je veux, Mademoiselle, n'est qu'une apparence de satisfaction, mais qui remplit parfaitement mon but, celui de ne supporter à aucun prix une injure. Une simple proposition de mariage faite à mon père par le prince Donatien, à laquelle nous répondrons par un refus, sans exiger davantage, cela vous paraît-il tellement tyrannique que votre frère ait le droit de ne pas vouloir y accéder ? »

La chose par elle-même était si simple et si convenable, qu'elle rangea tout de suite mademoiselle de Marsal du parti de Paul ; elle s'étonna que Donatien reculât devant une satisfaction pareille, où chacun des deux adversaires demeurait dans sa première position. Elle demanda ce que le prince pouvait opposer de raisonnable à ceci.

« Il ne veut pas s'y soumettre, répliqua le duc ; une fausse délicatesse le dirige à tel point, qu'il se rendrait plus facile dans le cas où la certitude du refus ne serait pas au bout. Votre frère sent ses torts, il est possible même que l'amour parle haut dans son ame ; mais il trouve quelque chose de honteux et d'humiliant dans ce que Monsieur propose, et plutôt que de s'y résoudre, il consentirait à faire des excuses directes ; c'est vous montrer combien lui aussi a des idées extraordinaires sur le point d'honneur. »

Olympe retomba dans son incertitude douloureuse; elle allait néanmoins prendre la parole, lorsque le sous-officier s'exprimant avec autant de chaleur que de véhémence :

« Dieu, dit-il, mieux encore que vous, sait combien je vous aime : il lit dans le fond de mon cœur, il y voit que je donnerais ma vie à votre intention pour celui des vôtres que vous me désigneriez; mais il apprécie, comme vous le ferez, le devoir que m'impose le sentiment qui nous unit ; il veut que je me rende digne de votre affection en m'élevant au-dessus de tout ce qui serait à mon avantage ; que je vous obtienne dans l'estime du monde, si je ne peux vous obtenir en réalité. En ne reculant pas devant l'obstacle que l'honneur et la tendresse fraternelle mettent malheureusement entre vous et moi, permettez que je me sépare de tout intérêt personnel ; songez, Olympe, à tout ce que laisserait peser sur moi d'odieux une conduite faible envers votre frère. Il faut que ceux qui me feront un crime de vous aimer, ne puissent au moins m'accuser d'avoir sacrifié ma sœur afin de me rapprocher de vous. »

Olympe avait dans l'ame trop de véritable élévation pour ne pas sentir la force de ce que Paul venait de dire. Elle comprenait bien que plus leur amour était réciproque et en opposition avec tous les préjugés admis dans le grand monde, plus il convenait que son ami manifestât une hauteur de sentimens qui pouvait seule le mettre avec elle sur la même ligne. Elle trouva d'ailleurs si naturelle la prétention du jeune Meuron, que pour cette fois elle ne sut que lui dire, de quelle arme se servir pour le combattre ; et renonçant à le vaincre par l'impossibilité de parvenir à la victoire, elle se remit à verser des larmes tandis qu'elle se taisait.

« Paul, dit-elle enfin, de tous les sacrifices que vous pouvez me faire, il en est un seul que je n'ose exiger, celui de votre honneur, et je ne vous le demanderai pas; c'est à vous seul à voir si vous seriez assez magnanime pour vous immoler dans ce que vous devez préférer à mon amour. Je sens combien mon frère est coupable : c'est lui que je devrais attaquer, mais j'en obtiendrais encore moins que de vous. Allez donc l'un et l'autre où la fatalité vous appelle, et l'un et l'autre songez que vous pouvez me donner la mort, que je la recevrez certainement si..... Mon cousin, poursuivit-elle après s'être arrêtée un instant, je vous conjure de ne point abandonner ces insensés, de veiller sur eux puisqu'ils ne veulent plus en prendre le soin eux-mêmes. Dites à Donatien qu'il brise mon ame; que jamais il ne réparera le mal qu'il me fait. Je le lui pardonne pourtant, comme j'approuve Paul dans sa résolution funeste. Paul n'est pas gentilhomme, il sort de sa roture par l'immolation qu'il fait de toutes ses espérances de bonheur. Adieu, Paul; puissions-nous nous revoir encore sur cette terre; du moins ce sera dans une meilleure vie, où je ne tarderai pas à vous retrouver. »

Elle s'éloignait ; le sous-officier se jetant à ses pieds prit sa main, la baisa à plusieurs reprises avec autant de vivacité que de chagrin. Il pleura lui-même, et le duc, profondément touché, ne put non plus retenir les larmes que lui arracha la constance de ce double héroïsme. Mademoiselle de Marsal en les quittant rentra dans sa chambre, et fit dire aux personnes qui étaient dans le salon qu'une occupation imprévue ne lui permettait pas de les rejoindre. Bientôt après rentrèrent le duc et Paul Meuron.

Déjà Jullite avait été vers Olympe afin de savoir pourquoi elle se retirait ainsi. La chanoinesse demeura pour assister à une partie de boston déjà bien avancée, et en même-temps elle commença à concevoir quelques soupçons sur le motif de ces allées et venues. Ce fut avec un soin extrême qu'elle interrogea les physionomies des deux amis, et la solennité qu'elle y aperçut ne lui permit pas de croire que ce fût seulement d'un accord à passer avec un acquéreur dont il venait d'être question dans la conférence entre M. de Montmaure et le sous-officier.

Elle ne laissa pas que de craindre quelqu'événement sinistre, connaissant la fierté du prince de

Marsal et l'opiniâtre volonté du jeune Meuron. Elle s'était imaginée jusque-là que ce dernier ne pourrait jamais se décider à un acte positivement hostile contre le frère d'Olympe. Jugeant du plus digne cœur d'après ses étroites idées d'avidité et d'égoïsme, elle ne concevait pas que dans l'intérêt d'une sœur Paul sacrifierait les magnifiques espérances qui s'offraient à lui s'il ménageait le prince de Marsal; et tout-à-coup il lui fallait retomber de cette opinion vulgaire à celle qu'il existait des caractères au-dessus des séductions les plus entraînantes.

La chanoinesse qui dans le fond

s'adressait par fois quelques reproches de sa conduite dans cette affaire, s'épouvanta lorsqu'elle dut admettre la probabilité d'un duel: bien qu'il renversât tous ses préjugés féodaux, elle se représenta le blâme qui en résulterait sur sa personne si on savait la part qu'elle avait prise à cette funeste affaire. Il lui vint dans la pensée d'en causer avec le duc de Montmaure, qui certainement devait la savoir à fond. Elle n'osa pas cependant, tant elle redouta d'entrer avec lui dans une explication dont les résultats ne lui seraient point favorables; elle préféra parler au prince de Marsal le lendemain, car elle n'imaginait pas la chose au point où elle en était.

La partie finit enfin; le duc et Paul venaient de sortir, et la soirée fut terminée. Jullite n'avait pu rien obtenir de satisfaisant de son amie, et dans sa confiance naïve, elle ne se doutait pas des rigueurs que la fortune lui préparait; c'en était bien assez pour elle que la retraite et le délaissement du prince, que cette froideur qui tout-à-coup avait succédé à un amour prétendu si ardent. Jullite aimait avec la bonne foi de son âge, de son caractère; elle ne pouvait concevoir la tromperie, et loin d'accuser Donatien, elle lui cherchait des excuses ; elle plaidait en sa faveur quand Olympe se plaignait de lui ou quand un éclair de raison luisait dans son ame, et lui montrait son amant sous son jour véritable.

Olympe, respectant l'ignorance de Jullite, se garda bien de lui porter un coup mortel en lui révélant ce qui aurait lieu le lendemain ; elle se contenta de lui dire que si elle était souffrante, il fallait l'attribuer à des paroles dures de sa grand'mère, qui l'aurait fait appeler pour lui signifier qu'on entendait presser le moment de son mariage avec le duc de Montmaure, qu'elle ne voulait pas épouser.

Madame de Berneil dormit peu, et à sept heures du matin elle passa dans l'appartement du prince de Marsal par le moyen d'une galerie de communication qui évitait de descendre dans les cours. Donatien s'habillait déjà; la chanoinesse ne trouvant aucun domestique pour l'annoncer, entra dans la chambre après avoir heurté à la porte.

« Eh, comtesse ! dit le prince, affectant d'autant plus de gaîté qu'il était contrarié de sa venue, que venez-vous chercher ici d'aussi bonne heure ? je ne m'attendais pas au plaisir de vous voir.

» — Je désire, lui dit-elle, savoir ce que vous faites, comment vous vous arrangez avec cet insolent militaire.

» — Oh! parfaitement, je vous jure; encore un peu de temps et nous serons d'accord.

» — Serait-ce vrai ?

» — Peu de chose nous divise, une bagatelle de demande en mariage : il vous en a déjà parlé.

» — Persiste-t-il toujours dans cette pensée impertinente ?

» — C'est son hochet, son dada; il y tient fortement, et de ma part je m'y refuse.

» — Et alors comment vous accommoderez-vous ?

» — La révolution rend ceci

très facile : autrefois on aurait eu besoin d'importuner un ministre, d'obtenir pour le bourgeois récalcitrant un logement commode dans une prison d'état secondaire; maintenant on va au bois de Boulogne...

» — Un duel, grand Dieu ! s'écria la chanoinesse confondue, serait-ce croyable et vous abaisseriez-vous jusque-là ?

» — Il le faut bien, Madame, nous l'avons voulu vous et moi ; nous nous sommes jetés dans une route qu'il y a maintenant nécessité de suivre. Voilà où vos conseils m'ont conduit. Ce n'est pas un coup d'épée que je redoute, mais ce qui me blesse déjà à mort, c'est l'hospitalité trahie, ma sœur offensée, et mon ingratitude envers une famille qui m'empêche de mendier mon pain sur la terre de France.

» — Ne prenez pas ceci avec autant de vivacité.

» — Vous le prenez, Madame, avec trop de froideur. Votre conduite, je dois vous le dire, me paraît bien blâmable, et vous n'aurez désormais aucun titre à mon estime et à mon amitié. »

La chanoinesse, foudroyée par ce rude propos, allait répondre lorsque l'on annonça le chevalier de Versel. Il entra précipitamment.

« Je vous prie de m'excuser, dit-il au prince, si j'arrive un peu tard, mais les soins indispensables de ma toilette me retiennent malgré moi. Nous avons du temps à nous; il est à peine huit heures, et on ne nous attend qu'à neuf. »

Il aperçut alors madame de Berneil, et se retournant vers elle la salua profondément.

FIN DU QUATRIÈME VOLUME.

SOUS PRESSE.

LA VIE DU MONDE,

ROMAN DE MŒURS, PAR MAIRE.

4 volumes in-12.

L'AUDITEUR

AU CONSEIL D'ÉTAT,

Mémoires contemporains,

PAR LE BARON DE LAMOTHE-LANGON.

2 vol. in-8. Prix : 15 fr.

LA FLEURISTE,

ROMAN DE MŒURS. — 3 vol.

L'IMPRIMEUR,

ROMAN DE MŒURS. — 4 vol.

IMPR. DE BELLEMAIN, RUE SAINT-DENIS, N. 268.

www.ingramcontent.com/pod-product-compliance
Lightning Source LLC
Chambersburg PA
CBHW060133170426
43198CB00010B/1137